不别离，我把世界都给你

BU BIELI,
WO BA SHIJIE
DOU GEI NI

李春利◎著

图书在版编目（CIP）数据

不别离，我把世界都给你 / 李春利著. —南宁：接力出版社，2017.1
ISBN 978-7-5448-4666-0

Ⅰ. ①不… Ⅱ. ①李… Ⅲ. ①家庭教育 Ⅳ. ①G78

中国版本图书馆CIP数据核字（2016）第304053号

责任编辑：车　颖　　美术编辑：张　凯　　责任校对：刘艳慧

责任监印：刘　冬　　营销主理：张　猛

社长：黄　俭　　总编辑：白　冰

出版发行：接力出版社　　社址：广西南宁市园湖南路9号　　邮编：530022

电话：010-65546561（发行部）　　传真：010-65545210（发行部）

http://www.jielibj.com　　E- mail:jieli@jielibook.com

经销：新华书店　　印制：三河市鑫金马印装有限公司

开本：710毫米×1000毫米　1/16　　印张：13.75　　字数：175千字

版次：2017年1月第1版　　印次：2017年1月第1次印刷

印数：00 001—15 000册　　定价：32.80元

版权所有　侵权必究

质量服务承诺：如发现缺页、错页、倒装等印装质量问题，可直接向本社调换。

服务电话：010-65545440

目录

打开家门，迎接来自十余个不同国家和地区的洋姐姐，随之而来的，既有喜悦，也有烦恼——父母念叨千百遍仍不奏效的教养难题，交给跨国小伙伴，也许很容易就能见到成效，但与此同时，不同文化的碰撞也带来了反思，不同的价值观和行为范式，要怎样选择？在“不别离”的教育实践中，小主人公的人文情怀、理性思维、健全人格、自我管理等核心素养得到了提升，多元文化也成了成长的助力！

走出国门，和孩子一起进入几种不同教育体制国家的学校、走进西方人的家庭，看到了完全不同的风景：各式各样的“学生制造”、零距离亲近自然、三十六种国籍带来的包容、在一丝不苟中任性……当孩子打开视野，接纳更多的文化形态、人生形态，尊重、特色、成长……一起随之而来。

第三章 爱要多少度 /103

想把世界都给你，但你却只想要自己的天地，想所有都为你选好，但父母的选择也许本身就包含着无力。父母之爱孩子，必殚精竭虑，为之计长远。像很多父母一样，作者也曾事无巨细为孩子操办好，曾为她剔除生活中的所有困难，曾不忍心孩子一个人睡觉……但这就是孩子眼中最好的爱吗？

第四章　两个比赛场 ／143

要不要送孩子上兴趣班？要不要让孩子参加各种比赛？要不要替孩子规划筹谋？……看上去不过是稚子顽童的竞争，实际上却是父母育儿路上的较量；看上去云淡风轻的比拼，实际上或许已经拼尽了全身的气力。理念的优劣、用心的深浅、陪伴的品质，所有的都是变量，只有父母之爱，深沉久远，代代相传。

序
追梦一家人

认识皮皮是在大银幕上。她小小年纪主演了电影《洋妞到我家》。影片中，她满口流利的英文，古灵精怪，一线明星如众星捧月，围绕着她的教育、她的成长展开的故事让人喜让人忧，让人揪心落泪。后来，我又结识了皮皮的爸爸妈妈，他们阳光、励志，带着孩子一起进步的生活状态让我喜欢上了这个家庭。

《想把世界都给你》，第一个章节的标题就彰显出如此浓烈的爱。在这样宏大的母爱命题下，皮皮幸运地成了世界文化的接受者。十几个国家和地区的互惠生伴随着她的成长，让她不仅拥有了语言的优势，还具有了文化上的多元交际。因为皮皮的特殊早教，她的妈妈也获取了来自生活的灵感，为孩子量身打造了电影《洋妞到我家》，妈妈写、爸爸导、皮皮演，一家人一起奋斗、共同追梦的过程本身就是一个感人的励志故事。

皮皮一家不但用互惠的方式交流分享异域文化，还给予了孩子对世界的感性认知。皮皮从“洋姐姐”们那里感受着世界的不同，在比较中体会出了多样文化的魅力，她在英文日记里对英国“脱欧”的关注，对美国大选的见解，已经表现出了超越年龄的独立思考。与此同时，在育子过程中，父母的配合，从孩子身上获得的感悟也让这个家庭互为动力，充满向上的力量。

皮皮的家庭教育不是放任自流，也不是揠苗助长。孩子每一个向前的脚印都是爸爸妈妈精心设计的。皮皮从小和互惠生一起长大，她的生活里必然有中西文化的交融碰撞，爸爸妈妈为她把控着方向，取其长避其短，所以，我们看到了有着国际化视野和中国传统文化精神浸润的孩子。我在其他孩子的作文中看到了对皮皮的赞美，她在别的小朋友需要帮助时义无反顾地给予。我也在皮皮日常的表现中看到了孩子的自强不息，在发着高烧的情况下，皮皮坚持把一个英语大赛所有赛程比完，拿到了北京金奖。皮皮简单、快乐，没有任何“出道”早的孩子身上的毛病，这一点也令人欣慰。

《带着爸妈去远游》可以说是亲子互动的完美境界。皮皮因为出色的表演在英、美、法等国家获奖，带着爸爸妈妈远渡重洋领奖，父母的自豪之情可想而知。通过给予，爸爸妈妈也在收获，不仅收获孩子成长的喜悦，还有为了孩子不断完善自我、超越自我的成就感。

皮皮是多么幸运的孩子，有很多机会去体验不同的人生，无论是《住进西方人家庭》的澳大利亚游学，还是在新加坡借读感受《包容的文化与健全的人格》，爸爸妈妈为她的成长可谓是煞费苦心。书中真切的文字也让人如身临其境一般，引领着我们和这样一家人一起思考：走出去该带些什么回来。除了《美国红毯》《在一丝不苟的日本任性》，我还能感受到作者在这一章中更想表达的是精神上的远游，陪孩子《在电影中神游》，任凭孩子驰骋想象，大人也和孩子一起沉醉的感觉让人备感亲切。

《爱要多少度》一章中都是家长里短的小文，其中渗透着爸爸妈妈的困惑与焦虑，也有一些充满智慧的育儿经验。在《找个保姆有多难？》

中，我们看到的是戏剧一般的情境，找阿姨的桥段透着生活的尴尬与艰辛，也流露着温情与幽默。《无法称量的爱》《半个奇异果》与《公主病和少爷病》直面优越条件下成长起来的孩子们普遍存在的问题，表达出了作者强烈的责任感和忧患意识，发人深省。而《压岁钱该“压”什么？》《要不要陪孩子睡》《病了，先扛着？》《剔鱼骨的烦恼》等都是生活琐事，却是每个家庭都会面临的困惑。正如书中所说，“我们剔除得了鱼骨、芒刺，但我们毕竟无法将孩子未来面临的困难一一剔除”。

《两个比赛场》是书中最沉重的主题。人生如赛场，还要有两个比赛场：一个是孩子的，一个是家长的，“拼爹”“拼妈”“拼孩子”，家庭教育陷入误区，无法和学校形成良好的互动。如果十七岁的孩子告诉你想退休，是怎样的辛酸？两个比赛场拼的不仅是孩子的智力，还有父母的耐力和智慧。在这一章节我看到了残酷的“拼”、可怕的“比”，也看到了如何让孩子学习技能的一些小锦囊、小智慧，读起来温馨感人，想必爸爸妈妈们会有所得。

“宝贝，到底怎样来爱你？”是作者自我的发问，也是在向社会发问。其实我们已经在《最励志妈妈》《烛光里的妈妈》中找到了答案。最励志妈妈为了重病的孩子不断改变、超越自我。《烛光里的妈妈》深刻地诠释着中国式母爱，母爱的内涵不是占有，而是心甘情愿的付出。

父母之爱是人生的极致之爱，是无私的爱。“为了宝贝的完美，我们做家长的首先要努力修行自身，宝贝如同父母的镜子，照得出父母教化的优劣。不满意孩子就多看看自己有哪里做得不够好。”这是作者最宝贵的经验分享。

史家教育集团总校校长 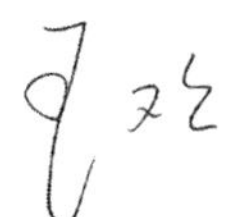

前言

宝贝，到底怎样来爱你

有什么能比这样的感觉更加甜蜜呢——作为一个妈妈，看着英语大赛的颁奖晚会上，仅有五岁半的女儿高高举起水晶奖杯，小手费力地紧紧搂着自己的奖品，面对不停闪烁的灯光和潮水一般的掌声扬起红红的小脸。

有什么能比这样的节奏更加惊心动魄呢——在中央电视台的宝宝秀场上，观众们高呼着女儿的名字，高举着她的照片，随着观众手中投票器的按动，大屏幕上，女儿的人气票数不断攀升，一直达到了峰线。

又有什么比这更加令人幸福的呢——我将女儿的成长故事写下来，搬上银幕，爸爸做导演，女儿来主演，徐帆、陈建斌扮演她的妈妈和爸爸，孙红雷、郭涛、佟丽娅、孙桂田、邬倩倩、王千源、范文芳等十多位一线明星众星捧月……为女儿量身打造的电影《洋妞到我家》，获得了国家最高奖“五个一工程”奖，女儿还在英国、法国、美国、日本等多个国家和地区拿了大奖，带着我满世界地看风景。大家为影片“点赞”的时候，称女儿为中国的秀兰·邓波儿……一夜之间当上星妈，我好像用全身心都无法承受这样的快乐和幸福，我真的会从梦里笑醒。

每每听到朋友们艳羡的夸奖——你这妈当得太牛了，居然给孩子整出了这么大的动静——我的内心就充满了甜蜜，然而，这甜蜜中渗透了多少苦涩和辛酸，只有我自己才知道。

都说如今光“拼爹”不够用了，更要“拼妈”，妈妈得是个全才，做得了保姆，当得了家教，开得了汽车，做得好PPT，琴棋书画要样样精通。随着身边朋友们成家、立业、生子……闺蜜们聚在一起就不再谈穿戴、不再比业绩，而是三句话离不开孩子了。我几乎是天天都受到这样的刺激：谁家的孩子只有四岁就能读《参考消息》了，居然跟老师谈论“失联飞机”到底去哪儿了；谁家的孩子奥数不只是全班第一、全校第一，而是全国第一，甚至到国外参加比赛；谁家的孩子从三千多个孩子中脱颖而出，成为科技大学天才班的小朋友。2015年，美国名校耶鲁大学招了九个北京孩子，三个孩子的父母我都认识，这几个“耶鲁孩子”不但获得了全额奖学金，还外加生活费，连回国看爹妈的钱都是美国人付，让我无比羡慕……

还记得有一次带女儿去中央电视台参加少儿节目的互动，主持人问小朋友们，谁会弹钢琴呀？全场的孩子都举起了小手，看到森林一般高举的手臂，我心里暗自庆幸，尽管女儿一千个不愿意，幸亏让她开始摸钢琴了，否则，孩子的自尊心怎么受得了呀？其实，大多数家长都不愿意看到自己的孩子失去快乐的童年，成为戴着小眼镜、驼着小后背、表情木讷的小学霸。但是，生在了人口众多、孩子扎堆的国家和时代，你如果心疼孩子，被淘汰的可能就是你的孩子。

记得有一次电视台播出了一个节目：一对从美国回来的夫妇依然坚持海外的教子方式，结果孩子的功课全班最差，妈妈委屈地说：“我们学校是不让给小学生留作业，不让给他们开假期班，不让过早教授奥数课程了，可是，谁也拦不住家长们的执着呀，中国家长大都是自己亲手‘虐待’自己的孩子。我们这样放养，到头来是孩子自己受不了，自己开始自卑……”那位妈妈说着说着就哭了。

也是迫于这样的压力，身边很多的“白领”甚至是做“高管”的妈妈们，放弃了优厚的年薪，放弃了自己的一切，加入了“拼妈”的战场，等到孩子们长大了再重新寻找自己的生活。这个过程中，有的妈妈因为经济不再独立，失去丈夫的关爱，婚姻陷入危机，甚至抑郁了，当然也有妈妈能够重新给自己找到一片新的天地。我身边就有这样一位高管妈妈，辞职后一边带孩子，一边专心研究“蒙特梭利”的教育理念，她甚至学完了很多关于儿童教育的成人课程，等到孩子可以上幼儿园了，她干脆自己受聘当了园长……可以说，孩子改变了她的生活。她掌控生活的游刃有余，让人佩服得五体投地。

我就是在“拼妈”的浪潮中被裹挟着向前的，从被动到主动。女儿出生时给她请的月嫂比我还时尚，比我对婴儿用品的知识还丰富。等到女儿大一些，我们聘用的阿姨是沈阳幼儿园的一级退休教师，那位曹老师喜欢做手工，会弹钢琴和插花，所以女儿说话和认字都很早。到了女儿四岁多，因为她特殊的语言天赋，我们又给她请了互惠生，第一个是来自拉丁美洲的哥伦比亚姑娘，第二个和第三个都是德国姑娘，后来又来了瑞典、芬兰、南非、澳大利亚、英国、美国的姐姐，中间没有请到洋姐姐的空隙是个马来西亚女孩和英国皇家戏剧学院的老师来填补的。同事们说：“你家快成了联合国了。”现在，女儿能说一口流利的英语，她还认真地对我说，她能带我出国度假，因为她会用九种语言唱生日歌，谁过生日就给谁唱，给谁唱谁就付钱给她，她就能养活我了……听到这样的话，哪个妈妈的心不会被融化呢……

我是个大龄妈妈，感谢上苍给了我这么美丽、聪慧的女儿，我也不想让她输在起跑线上，所以，我给她制订了“五个一”计划：给她一项过人的技能、带她参加一次比赛、给她拍一部电影、出一张CD，再就是给她写一本书，记录她的成长。和妈妈们一起探讨究竟该把孩子养成“狼”还是养成“羊”；是现在把她送出去，还是等她长大让她自己做出选择……宝贝，到底怎样来爱你？很多东西，我也非常纠结和困惑。也期待着您耐心地看完这本书，给我一些建议和指引……也许命运中我们有此一缘……

第一章

想把世界都给你

打开家门，迎接来自十余个不同国家和地区的洋姐姐，随之而来的，既有喜悦，也有烦恼——父母念叨千百遍仍不奏效的教养难题，交给跨国小伙伴，也许很容易就能见到成效，但与此同时，不同文化的碰撞也带来了反思，不同的价值观和行为范式，要怎样选择？在『不别离』的教育实践中，小主人公的人文情怀、理性思维、健全人格、自我管理等核心素养得到了提升，多元文化也成了成长的助力！

妈妈是最好的伯乐

有谁能比妈妈更了解孩子呢？妈妈每天会盘算孩子的营养搭配得够不够，会趴在马桶上观察孩子便便的颜色，会在每个清晨读完天气预报后，还要把半截身子探出阳台亲自感受外面到底有多冷多热，不管相隔多远，孩子的哭声笑声都能传到妈妈的耳畔，牵动妈妈的每一根神经，这就叫作“母子连心”。所以说，每个妈妈都是敏感的，是孩子最贴心的人，当然具备发现和培养孩子的潜质，可能成为最好的伯乐。不谦虚地说，我就是女儿的伯乐。

我家皮皮在四岁半的时候去过一趟新加坡。那一次出游只有我一个人带着她玩。我背着大包包，牵着她的小手，穿梭在陌生的城市中，免不了要结巴着用英语到处问东问西。每次，皮皮都不眨眼地看着我，露出惊讶的表情，疑惑地问:“妈妈，你说的是什么？我怎么听不懂？”回到宾馆看电视，她又惊奇地发现，在家里看过很多遍的某儿童用品广告也变成了听不懂的话了！在新加坡十天，皮皮除了游览美景、享受美食，最大的发现就是知道了世界上还有一种叫作“英语”的语言，和我们说的话不一样。

好奇的种子埋在孩子心里很快就发芽了。回家后的第一天，我家的东北阿姨就跑来羡慕地对我说："皮皮英语老好了。"我赶忙说："她不会英语呀！"阿姨仍然不相信，肯定地说："她的英文故事讲得可太带劲儿，翻译也老好了……"

我突然明白了，笑着问阿姨："她是不是先问你会不会说英语了？"阿姨点头确认。我告诉阿姨，只要遇到不懂的人，她就能撒着欢儿地表现，不会被揭穿了，阿姨这才恍然大悟。

在我的强烈要求下，皮皮认真地给我们表演起来，她捧着一本英文版灰姑娘的童话故事书，像模像样地讲起来，那小声调，那小尾音，抑扬顿挫，如音符一般跳跃着，里面竟然还混杂着几个常用的单词，听起来真的就像"流利的英语"。看到皮皮极其认真的样子，我用力忍住不笑出声来，可是，当她特别得意地说，下面，我要给你们"翻译"一下时，我笑了。我虽然听不懂皮皮的"火星语"，但是，我懂得孩子对另外一种语言有需求了，而这正是让她进入学习的最好时机呀！

为了把握好这个机会，我把各种学习语言的学校都研究了个遍。巧的是，邻居举家去了加拿大，给孩子从哥伦比亚请的住家洋姐姐还没到期，洋姐姐竟自己找上门来，想在我家住上一段，最高兴的当然是皮皮。

这个来自赤道之国的哥伦比亚姑娘，就像热带风暴一样刮进了我的家，她和皮皮一起楼上楼下地疯跑，一起在地上打滚，藏猫猫，有时，染个大花脸，指甲涂得血红，像个小鬼似的出来吓人……皮皮自然而然地学会了"楼上""楼下""窗帘""指甲""美丽"，甚至"魔法"这样的单词，以快到我无法相信的速度，皮皮就能明确地听懂洋姐姐发出的各种指令。虽然哥伦比亚姐姐在我家住了不到一个月，可在她即将离开的时候，皮皮已经能和她一起用英文唱歌，讨论简单的问题了。又过了半年后，她就能和来自德国的第二个洋姐姐用英语抬杠了。

因为好奇，所以好学。皮皮不到五岁半，就获得了美国高考机构在中国举办的全国青少年实用英语交流大赛幼儿组超级金奖，又在中央电视台《快乐大巴》宝宝秀节目中大秀英文绕口令，获得比赛第一名，还在CCTV“希望之星”英语比赛中摘得北京赛区金奖。在皮皮上学前，我和她爸爸一起努力了大半年，以我家洋妞和孩子的生活为素材，创作了一部电影《洋妞到我家》，我们的皮皮在影片中一口纯正的英语，被一堆明星大腕众星捧月，全世界地拿奖……来自语言的优势带给她的自信越来越多。有时，我甚至在想，这会不会因此成就她的人生……

每个孩子都有属于自己的天赋，只是做妈妈的有没有去发现、去发掘，不要急着让孩子学习，要看看他们是否喜欢。我的小外甥是个天才小画家，他一天也没有学习过绘画，可他充满想象力的作品甚至在国际上获奖，他的父母都不擅长于此，可这又有什么关系呢？我们所要做的就是发现他们的天才，然后给他们自由的空间就足够了……

哥伦比亚姐姐的混世哲学

来自哥伦比亚的小洋姐姐，是我们的邻居，皮皮的“小青梅”家请的互惠生。在“小青梅”举家迁往加拿大的前夕，哥伦比亚小洋姐姐敲响了我家的房门，想留在我家，做我女儿的语言陪伴。我家皮皮乐翻了，像捡了个天上掉下来的宝贝。平日里，皮皮常常和她的“小青梅”一起玩耍，看到小伙伴旁边有这样一位开朗活泼的洋姐姐，皮皮羡慕至极，现在洋姐姐竟然在自己家住下了，小皮皮激动得睡不着觉，一夜要溜进人家房间看上好几次。

洋姐姐就像热带风暴一样刮进了我的家。从此，热闹极了。我一边忍受孩子们肆无忌惮地捉迷藏，把家弄得像遭过劫一样乱七八糟，一边享受着女儿奶声奶气高声往外蹦着英语单词。四岁多的女儿简直是个语言小天才，很快就把单词连成了句子，很快又能搜肠刮肚地找到词汇来表达自己的意思了。

但是，问题也来了，洋姐姐带来的不仅仅是语言，还有她的价值观，诸多的冲突在生活中比比皆是。

中国人多，吃饭时免不了要排队等位。有一次，皮皮饿得嗷嗷大叫，可是，偏偏赶上每个餐厅都爆满的盛况。在我还一个一个数人头，期望赶紧轮到，赶紧给宝贝吃上饭的时候，回头一看，皮皮跟着洋姐姐，已经吃到人家桌上去了，边吃边跟施给她们食物的一对老夫妇聊得可开心了。那对老人干脆停下来不吃，高兴地看着两个孩子吃。我埋怨小洋姐姐说，你这不是把我女儿教成个要饭的了吗？小洋姐姐认真地说，这叫生存能力。她还讲了她的故事给我听：刚来中国时，为了节省机票费用，她转机到巴拿马，然后从荷兰飞到中国。没想到签证和信用卡都出了问题，在荷兰被拒绝入境。在等待救援的几天里，她就躺在椅子上，向陌生人“讨”饭吃，还结交了一大堆朋友。小洋姐姐解释说，做好乞丐不挨饿，有朋友走遍天下都不怕。

小洋姐姐的这套混世哲学到哪儿都管用。她常常从秀水街、三里屯这样的地方，淘回一大堆又便宜又好看的东西，弄得我心里都痒痒的。后来干脆带上孩子跟上她，等着这个不会说中国话的洋妞帮我砍价。女儿在实战中也本事大涨，跟每个小摊主都混得像亲人似的。一次，在一个孕妇的摊位上，小皮皮和小洋姐姐又唱又跳，招揽了不少人围观，两人又是承诺将来帮人带孩子，教人家孩子英语，又是夸人家未来宝宝该有多么聪明伶俐，极尽套词之能事。最后从商店里抱了一堆喜欢的东西。看到这样的情景，我真的是五味杂陈，心里不是个滋味。

我常常和皮皮爸爸讨论这样的问题：我们究竟是该养一只“狼”还是养一只“羊”？养一只“羊”，在这样激烈竞争的社会里，她可能会被别人吃掉，可养一只“狼”，将来长大了可能连父母都给吃了，这中间的度真的是很难拿捏。跟小洋姐姐讨论这个问题，她不以为然。在她看来，社会也有其“丛林法则”，不争不抢，怎么能得到最好的呢？我们跟孩子讲孔融让梨的故事，她无论如何也是理解不了的，可是扪心自问，我们真的希望自己的孩子把大的梨都让给别人吗？或许让个梨就算了，但是如果让出的是工作、爱情，乃至生命，又当如何选择呢？

性教育要趁早

有一次，我们带着孩子们去游泳，哥伦比亚小洋姐姐穿着比基尼泳装，展露着她凹凸有致的黝黑发亮的胴体，吸引了无数的目光。我的小外甥当时只有七岁，眼睛直直地望着丰满的小洋姐姐，小洋姐姐弯下腰，毫不忌讳地说："这个叫波波，男人都喜欢哟，你是男人，你也喜欢，对吗？"小外甥羞涩地点了点头。哥伦比亚小姐姐不失时机地把当时才四岁多点儿的皮皮叫过来，开始性教育。

我第一反应就是制止，因为这是在公共场合。可是小洋姐姐却振振有词，她说，就是因为在这样的地方才能遇见男人的贪婪和女人的嫉妒，这是最好的现身说法的场地。性教育要趁早，要告诉孩子哪些是女人身体中最重要的部分，不能被别人触碰。当然，也要告诉孩子，女人丰满的胸部和紧翘的臀部，是十分傲人的。这样教育的结果立竿见影。皮皮穿吊带裙，故意把一个肩带褪下来，跟我说这样才显得性感，让我哭笑不得。后来，我那个英俊的小外甥遇到的事情更加尴尬了。一次聚会，他被几个女孩子包围了，都说是他的妃子，塞给他一堆写着名字的纸条，等他揭牌子，他妈妈看到视频大惊失色，小洋姐姐不以为然，得意地说："这说明小帅哥有魅力。"

我们这一代人问及父母自己是从哪里来的时候，大都被告知是从垃圾箱里捡来的。我们成长的环境都是谈“性”色变。中国式的性教育基本是“守贞教育”，而西方性教育的理念更多是如何保障安全。哪个更对呢？我觉得大多数女孩子的家长都希望自己的孩子像一张白纸一样的纯洁，性的开蒙不需要太早，但一定要懂得保护自己。现在的孩子对性不是一无所知，中小学课本里已经有很多关于性启蒙的教育了，孩子们知道是精子和卵子的结合孕育了生命，知道自己来自哪里。况且，电视里的各种男女亲热的画面偶尔也会撞进孩子的视线，让孩子知道一点男男女女之事。

曾经和一位爸爸探讨过这个问题。他对“性教育要趁早”的理解是：科学道理，太小的孩子根本听不懂，就告诉他们，女孩子可以穿裙子，男孩子不能，女孩子可以梳长发，男孩子不能。这个答案听着过于简单，但似乎有些道理。当下，恰恰是很多女孩子不穿裙子，喜欢把裤子剪得到处是洞洞，雪白的皮肤若隐若现；男孩子却要围个小裙子，戴个大耳环，挂上个毛绒尾巴，美其名曰时尚性感。白白嫩嫩的男孩子装萌卖乖，十足娘娘腔，毫无男人气概，得看了确有喉结，才能判断是真的爷们，奇怪的是他们却很受欢迎。女神虽是人见人爱，但其貌不扬的女汉子，不分男女的中性打扮也是大行其道。在这个无奇不有的社会中，异性不一定相吸，同性也不一定相斥。而性取向的养成绝不是一朝一夕的。

和一位年轻妈妈探讨这个问题时，她认为，早期性教育还应该包括女性和男性修为的养成。男女的社会分工毕竟不同，所以女孩从小就应该学会绣花、厨艺、琴棋书画，要像女人；男孩则应该是运动健将，是逻辑思维的高手。她还列举了发达国家的性别教育，男孩和女孩会有不同的课程，女孩多是女红活，男孩还有木匠班。然而，这也有不少争议，女孩什么都会，那就什么都累，将来有可能嫁个男人给人家当妈外加保姆；男孩呢，劳力多了，但懂不懂“劳心者才治人”？

有时觉得皮皮连个瓶盖都打不开，真的会着急，替她担忧未来，可是转念一想，将来有人给开呀！会开瓶盖的女孩以后的生活没准充满各种累，谁叫你啥都会呢！在生活中，或许不会开瓶盖的女孩幸福指数会更高。所以，我的性教育就停留在不许掀裙子，不许脱肩带，身体不许别人触碰这些细碎小事上，皮皮也像个野丫头，喜欢撒欢儿，一点儿也不淑女。我也不想用扳子扳回她的女孩个性，弄疼她。至于性教育究竟是早些好还是等懂点人事时再说，我也不得而知。教得早了，提示多了，孩子的好奇更重；教得晚了吧，社会上毕竟有很多比狼还狠的人。纠结呀！所以，先教孩子保护好自己吧，这在我看来是头等要事。

谎言与真情

我们都会教育自己的孩子不要说谎，可是在现实社会中，我们又如何保证孩子怀着一颗善良的心简简单单地成长，不受到任何伤害呢？事实上，灾难对于善良孩子的打击可能比想象中的还要大，因为我们没有给孩子注入过谎言的病毒，所以孩子就不具备这样的抗体。《十万个为什么》可以告诉孩子许多生活技能，然而却无法教授孩子现实中的生存技巧。

从天而降的哥伦比亚小姐姐在皮皮眼中简直是完美的玩伴，小皮皮和洋姐姐一遍又一遍地观看迪士尼动画电影《长发妹》，皮皮举着平底锅披头散发，楼上楼下地跑，那清脆的笑声就像音乐一样好听。她们也会一起动手制作孔明灯，在有星星的夜晚，点燃小蜡烛，对着天空悄悄地许愿。皮皮和小洋姐姐每天说着戏里的台词，小洋姐姐扮成巫婆，皮皮扮作小公主，一切仿佛都在童话里。

这样的日子过了不到一个月。哥伦比亚小姐姐回家的次数越来越少了，她打电话告诉我们的理由，不是车胎被扎了，就是朋友的脚扭伤了。我们很快发现这些理由都是编造的，然而只有皮皮执着地相信着一切。姐姐不回家，她就不肯让我们关大门，就倚在门边上默默地等着，一直等到睡着了，我们把她抱上床，看得我们心里好痛。然而，谁都不想击碎孩子眼里的童话。有一天，哥伦比亚小姐姐悲伤地对我们说，她最好的朋友遇到车祸去世了，她太悲痛了，需要安静一段，暂时搬出这个家。看着小洋姐姐大包小包地往外搬东西，皮皮哭得死去活来，我们只能恳求小洋姐姐能不能在方便的时候回来看看孩子，给孩子打打电话，小洋姐姐满口答应下来。以后的日子，小洋姐姐偶尔会发短信给皮皮，告诉皮皮自己住得太远了，她每天仍沉浸在悲伤中，但是非常非常想念皮皮，如果有时间一定会来看她。我们宁愿相信这是真情。

遗憾的是，孩子的童话很快就破灭了。一个早晨，我正带着孩子散步，恰巧在小区内看到了哥伦比亚小姐姐从举家搬走的“小青梅”家欢天喜地地出来，身旁还有几对嘻嘻哈哈的男男女女。离“小青梅”家最近的邻居说，这几对男男女女已经在这里居住很久了，夜里吵吵闹闹，他正准备联系房主呢。皮皮见到小洋姐姐兴高采烈地扑了上去，那一刻小洋姐姐望着我的眼神只有一点点尴尬，但很快便消失了，她依然热情，忙着介绍她的朋友们。也许她不想让孩子太伤心，我也只能尽量往好处想。很快，“小青梅”家里人把她的钥匙收了回去，把那堆男男女女也清了出去。

皮皮什么也不明白，还是一遍遍问我这是怎么回事，然而，我无法跟她解释清楚，我们无法解释为什么待其如家人的小洋姐姐喜欢说谎和欺骗。从那以后，小洋姐姐连个短信也没有了，消失得无影无踪。皮皮大病了一场，因为思念，病中的孩子总是喃喃地问我一个问题，姐姐为什么要骗人呢？好长时间，皮皮都不肯吃肉，因为吃肉的时候就会想起最爱吃肉的小洋姐姐。那个时候，她还常常会从梦里惊醒，找她的平底锅，用小洋姐姐留下的半瓶香水把小洋姐姐住过的房间喷个遍，然后，鼻子一抽一抽地去嗅那种味道。一次，我在清理孩子的玩具，发现她最爱的那个长发芭比被遗弃在一个小小的角落里，竟然被孩子用一小块布蒙得严严实实的，那一刻，我的眼圈红了，这样的封存足以证明她小小的心灵受到的伤害。

后来，这个特别能混事的哥伦比亚小洋姐姐在中国找到了工作，以她的签证类型是被禁止工作的，不知她是如何搞定的。而且，她很快就脱颖而出，拿到了最高工资。中国老板甚至给她配了两个大学生助手。在我们的电影做推广的时候，哥伦比亚小洋姐姐应邀来到了演播现场，小洋姐姐扮演了一个来应聘的互惠生，接受片中妈妈徐帆的检验。自始至终皮皮都没有穿帮，没有表现出和小洋姐姐本来的熟络，孩子略带怀疑的眼神，正好符合了设计好的剧情。舞台上，一切都那么自然，舞台下，依然是热烈的拥抱和烫人的祝福。然而，我只想知道哥伦比亚小洋姐姐是否还记得《长发妹》和平底锅，还有那么多对孩子的承诺。

直到今天，我都不知道该怎样跟皮皮讲关于诚信的话题。按《弟子规》来教，把孩子教得只有一根筋，也许将来免不了吃亏，但让她去学会巧舌如簧，见人说人话，见鬼说鬼话，那也绝对不是我们想要看到的。我试图告诉孩子，女巫会幻化成各种形象，欺骗你，拿走你的信任和爱，有时女巫看起来就像公主一般可爱，你必须有一双能够分辨真情和谎言的眼睛，你不能过多地付出自己的情感，以免受到伤害。然而，望着孩子那双清澈的大眼睛，想说的话真不知道该怎样说出口。她还没开始走上人生之路，我就告诉她处处是陷阱；她还没有享尽爱的滋润，我就让她把心包上坚果的外壳，这公平吗？

德国姐姐的为人之道

靠近德国慕尼黑的一个小镇，至今我都记不住它的名字，但是来自那里的科瑞娜却让我终生难忘。她金发碧眼，身材修长，像极了动画片《灰姑娘》里的仙度瑞拉，皮皮常常就叫她仙度瑞拉。这位仙度瑞拉是我们给皮皮正式邀请的第一位互惠生。她看上去甜美、含蓄，略带几分羞涩，很女人、很温柔的样子，皮皮一下子就喜欢上了她，我们也暗自庆幸，有这样的姐姐，皮皮野丫头一般的个性或许能收敛一些呢。

皮皮和来自德国的科瑞娜姐姐

同样，这位小洋姐姐带来的也不仅仅是流利的英文，还有她的处世哲学、价值判断。皮皮和德国小洋姐姐共同热爱的故事就是《灰姑娘》，两人一遍遍地看《灰姑娘》的动画片。小洋姐姐当后妈，皮皮做灰姑娘，一地的芭比娃娃，是各色公主，还有王子、国王、大臣，当然也有南瓜车、神仙教母和老鼠们……那段时间，皮皮不仅把灰姑娘的英文故事讲得滚瓜烂熟，还和我讨论了一些非常深奥的命题：比如，灰姑娘也是穿上美丽的衣裙、闪亮的水晶鞋才能吸引王子，灶台旁的灰姑娘会得到王子的关注吗？灰姑娘就那样忍受着别人侵占自己的房屋，忍受着后妈和坏姐姐们的欺凌，仍然坚持快乐地生活，也不反抗，这样做对不对呢？如果没有魔法，灰姑娘是不是永远都是个灰姑娘？我知道，这样的提问一定是在小洋姐姐的点拨下产生的。令人欣喜的是，当时只有五岁的皮皮有了独立思考的能力。有一次，看完了动画电影《白雪公主》，皮皮马上下结论："白雪公主是个傻丫头，怎么能给什么吃什么呢？还一次又一次地信任陌生人。"

生活毕竟不是童话，正如孩子意识到的，没有魔法又当如何呢？一次，皮皮从幼儿园回来，特别郁闷地说，今天，她正在画画，画得正高兴，有个小男孩把脚放在了她的画上，故意捣乱。我一边做饭一边漫不经心地说，不要理睬他，也别招惹他，告诉老师，老师会管他的。小洋姐姐在一旁听到了，摇着头连声说："NO，NO，要靠自己解决问题，找老师不好。"她把皮皮叫到了自己的身边，教皮皮说："记着，别人气你，千万不能生气，你发火就上当了，你就要装作不在乎，特别不在乎，你可以对他微笑着说话。"小洋姐姐强调"微笑"，并做出一个甜美的微笑，"这还不够，你还要谢谢他，对他说，谢谢你提醒我，我画了这么久，正好累了，然后向他伸出你的手，拉他一起出去玩，他回应你，和他做朋友；不理你，玩你的，不要理他了。不过，别忘了加上一句这样的夸奖：'你的鞋子真漂亮，你把它放在我的桌子上，是想让我夸一下吗？要是鞋子干净一些就更好了！'"小洋姐姐耸了耸肩膀说，“就这么简单。”我在一旁听到了，不得不赞美小洋姐姐的智慧。

接下来又发生了类似的事情。一次，做手工的时候，淘气的男孩子用剪刀在皮皮的身后剪她的头发，皮皮最在乎的就是头发，渴望当长发妹，回家了还在哭。小洋姐姐了解了情况，又把她叫到身边，耐心教她：“别人气你，你就是不能生气，反而要笑。”小洋姐姐灿烂地笑起来，那笑容非常迷人。小洋姐姐提示皮皮说：“还记得我们必须说的一句话吗？一定要谢谢他，然后再对他说，你是看到我的头发开叉了吗，想帮我修剪？我妈妈正好要带我去剪头发呢。不过，你最好研究一下怎么剪再给我剪，不然，明天，我带个芭比先给你练练？”皮皮似乎明白了。小洋姐姐强调说，这样的事情不要去麻烦老师，老师不是你的魔法棒，这个世界根本没有魔法，如果你自己能控制事情的变化，你就具有了魔法。

小洋姐姐的处世哲学影响着皮皮。一次，一位家长对我说，她偶然从幼儿园班级的小窗户偷看孩子，发现一个男孩很生气的样子，准备向皮皮动粗了，看到一场“战斗”不可避免，她紧张极了，准备敲打玻璃窗，或者冲进教室。但是，不知道皮皮跟那个男孩子说了什么，皮皮还带着一脸微笑，那个男孩子居然放下了高举的小拳头。那位家长像讲段子一样讲这件事给我听的时候，已经过了好几天，我好奇地问皮皮到底说了什么，她也记不住了，在她看来这是一件很快被遗忘的小事，这让我感到了欣慰。不久，皮皮在幼儿园获得了最佳口才奖、最佳表演奖等等。我高兴之余，也有些担心，女儿的微笑不会变成一种表演吧？

外国的问题和中国的麻烦

在皮皮的画中，我的头发似燃烧的火苗，眼睛里冒着火花，嘴巴中飞出子弹，一副暴怒的样子。的确，我就像自己编写的影片《洋妞到我家》中徐帆扮演的妈妈一样有着无法控制的焦虑甚至是神经质，我常常把这一切归于环境造成的压力。

早晨出门，一不留神就会踩到狗屎，垃圾和黏痰比比皆是。乘坐公交车，即使抱着孩子，也难得有人让座。自己开车，强行并线的，野蛮加塞的，甚至恶意碰瓷的，弄得人禁不住骂街。牵着孩子过马路，飞车一族疯狂从身边掠过，每次都惊得我一身冷汗。只要有陌生人搭话，我立即拉响自己的警报，孩子一旦跑出我的视线，哪怕脱下高跟鞋在垃圾上追赶，我也在所不惜。地铁上，只要有咳嗽的、打喷嚏的，我赶紧更换车厢，或是给孩子戴上口罩——被挤成相片的时候除外。电梯上遇到有人抽烟，站出来理论的人一定是我，如果碰上个不讲理的，一场骂仗能让人心情跌落到极点。每当看到报道——一年丢失多少个孩子，街头卖艺、乞讨的可能就是从福窝里被偷走的小孩——更是攥紧皮皮的小手不敢松开，皮皮给我起了外号叫作“紧张大师”。

老公说，别总盯着地上，看看花儿开得多好。好吧，看花吧，可怕的是，一个早晨起来，突然看到门前开得娇艳的月季只剩下自己门前的一半，探入邻居家院里的已经被摘得光秃秃，可怜的花丛就像是只有半侧身子的姑娘。自古“一树梨花两院香”，怎么还会有与花为敌的？我想不明白，也不知道该怎样和年幼的孩子解释。

对于这样的烦恼，小洋姐姐不以为然。她说，外国的问题和中国的麻烦一样多，她还总能找到对应的经历来证实她的说辞。比如，她家门前有一棵非常高大的树，枝叶繁茂，可是有一天回家发现大树被拦腰砍断，就是因为隔壁邻居觉得树枝树叶伸入自家院子太多，妨碍了光线。

我住的小区，最烦的就是乱停车，几乎每天出门都得满世界地找人挪车，赶上个犯浑的免不了要吵上一架。因为太刻骨铭心，我把这样的桥段放在了我们影片的开场，郭涛扮演的大款穿着印有“淡定”字样的文化衫和领着孩子的虎妈徐帆为了挪车让道一顿口角，让不少观众感同身受。没想到，这样的情景在德国小洋姐姐那里竟然也能找到共鸣，她像讲笑话一样讲起了她家的故事：一次，邻居乱停车，阻碍她家出行，她的爷爷奶奶非常生气，决定惩罚一下恶邻。八十多岁的老人一锹一铲折腾了大半夜，把那辆乱停放的车用厚厚的积雪埋了。结果，第二天，太阳出来了，积雪全融化了……小洋姐姐的笑话讲得我也笑起来。

文明程度那么高的德国总不会有不给老人儿童让座的问题吧？当我和小洋姐姐探讨这个话题时，她肯定地说，一样有。外国的老人会站到你身边，不客气地说：“我这么老了，请把座位让给我。”“你猜我会怎么做？”德国小洋姐姐看着我和皮皮问。“我会说，你怎么知道我没怀孕呢？”皮皮马上就去摸她的肚子。她微笑着说：“皮皮，当然不是真的。我也很累，不想把座位让给别人，尤其是这样不客气，觉得什么都理所应当的人。”我愕然。

小洋姐姐提出了一个值得思考的概念，她认为，说中国犯罪率高是不科学的，因为中国人多基数大，平均下来就不能叫犯罪率高了。中国的道路经常发生事故，路骂很常见，不是中国人素质低，德国人素质高，归根结底还是中国人太多，拥挤着当然会产生摩擦。德国道路上很少堵车，因为人少，车也少，各走各的，谁也不碍谁的事。

在小洋姐姐的眼睛里，中国有太多的好让她流连忘返。夜晚，北京璀璨的灯光让她大呼小叫，因为德国天一黑就全黑了。中国的美食让她舍不得下筷子，每次都要拿出手机一顿拍照，被皮皮笑话。对中国的政策她更是赞叹不已：没有遗产税，没有房产税，残障人由政府安置。她说，她的妹妹是智力障碍者，政府付出一点补贴要核实数次，有时抽查式突然造访，让人感到不被信任的难堪。当然，德国小姐姐也一样喜欢在中国逛街。在中国，即使是没什么钱，也能在批发市场找到物美价廉的衣裙，穷姑娘照样美得光彩照人。

我在电影里给父亲写下了这样的台词：“移民，移得了环境，移不了心境。”内心的从容淡定最重要。但是，这“鸡汤”式的语言在连绵的雾霾天，孩子的鼻子堵得出不来气时，在食品安全隐患无处不在时，在每天被各种不守规矩的人骚扰时，就显得苍白无力了。有人形容说中国人从赶着牛车走路，一下子进入了火箭时代，可是，我们的教育却跟不上这样的发展速度。诸多的不如意，是发展过程中必须付出的代价，但是中国的明天一定会更好！

不仅仅是学英语

家里住过来自五湖四海的互惠生，但到目前为止，让皮皮念念不忘的就是那个金发碧眼，被她称作仙度瑞拉的姑娘科瑞娜。她不温不火，面带微笑，从不与皮皮正面冲突，有时，暴怒的皮皮陷入一个人的战争，常常臊眉耷眼地败下阵来。仙度瑞拉的法宝还是她常说的那句话，要想激怒别人，你千万不能生气，对方越生气，你越要微笑，微笑是战胜一切的力量。皮皮并不能完全听懂这字里行间的含意，但在与仙度瑞拉的几番较量中，她不但领教到了厉害，也领悟到了这其中的魔力。

一次，皮皮赖在床上不起来，被仙度瑞拉直接掀了被子，气急败坏的小皮皮抓起枕头、被子、各种毛绒玩具，甚至抱着的芭比娃娃，劈头盖脸地砸向姐姐，仙度瑞拉不怒、不火，微笑着照单全收，喜欢的抱在怀里，不喜欢的扔在一边，嘴里不停地说："哦，这么多礼物呀，谢谢皮皮，这么大早，就给我这么多礼物呀！谢谢！"这一下皮皮更加愤怒了，她大叫着："这不是给你的礼物，这是打你的，你出去！"仙度瑞拉仍带着微笑说："明明是你扔给我的，还让我出去，那好，拜拜，我带走它们了，一会儿见。"皮皮赶紧追下床，那可是她放在枕边上，天天抱着睡觉的最喜欢的玩具呀！然而，仙度瑞拉，早就抱着一堆玩具跑回自己的房间紧紧关上房门了。无助的皮皮，只能自己洗漱，穿好衣裙，然后站在姐姐的房门口礼貌地请求原谅，这才抱回了自己的一堆芭比和毛绒玩具。

如此几个回合下来，皮皮再也不随便发飙了，还学会了以其人之道，还治其人之身。皮皮进仙度瑞拉的房间总是不敲门，一次，仙度瑞拉还没有起床，她就强行跑了进去，还大呼小叫。被吵醒的仙度瑞拉真的很生气，对皮皮大声说："出去，你为什么总不敲门就进来？出去。"没想到皮皮也不甘示弱，还嘴道："我才不出去呢，你住的是我家的房，睡的是我家的床，要出去该你出去。"还睡眼惺忪的仙度瑞拉居然生气了，微笑从她的脸上消失了，她快速穿好衣服，然后边开始收拾自己的东西边对皮皮说："那好，我现在就走，我再也不回来了。"看到仙度瑞拉生气，皮皮竟有几分得意，变本加厉地用英文报复地说："你走吧，你走了，我会有新的互惠生姐姐，她会长着长长的金色的头发，穿着拖地长裙，蓝色的眼睛，像公主一样，比你温和漂亮多了。"这下，仙度瑞拉真的被气坏了，跑到我这儿来告状，期待我还她个公道。

我当时被皮皮流利的英语，机智的辩白给镇住了，甚至有点惊喜，注意力完全不在是非曲直上。我的钱终于听见响动了，兴奋之下，竟忘了教育孩子。仙度瑞拉姐姐看到我得意忘形的样子，生气地提起箱子，真的要走了，我这才意识到事情非常严重，赶忙把皮皮叫到身边，耐心地说："宝贝，你的英语真棒，可是，你对姐姐的态度不对。如果姐姐真的走了，你不会后悔吗？如果你不后悔，你就不要去拦她；如果你后悔，你意识到错了，现在还来得及，赶紧走过去说声对不起好吗？”

皮皮哪里舍得仙度瑞拉走？她跑过去抱住姐姐，大声用英语说：“我是跟你学的。你不是说要想让对方生气，自己不能生气吗？你的微笑哪里去了？”仙度瑞拉反而被她气笑了。接着，皮皮对着姐姐说了一连串对不起，当时只有五岁的皮皮竟然会在对不起的前面加上“真的”“实在”等等强调语气的词汇，表现出了她极强的语言天赋。可笑的是，皮皮还做了一个夸张的微笑的表情，让我们笑翻了。这个被赞很真实的生活细节也被我放到了电影《洋妞到我家》中了。

这不仅仅是学语言啊！皮皮喜欢挑战仙度瑞拉的极限，并以此为乐，把人家气蒙了好几回。一次旅行，即将登机，仙度瑞拉提出要上洗手间，皮皮趁机批评了姐姐：“刚刚候机那么长时间你不去，现在该起飞了你要去，让大家等你，太差劲了吧！”仙度瑞拉气得瞪着眼睛说：“连我妈都不能管我什么时候上厕所，你凭什么管我？我知道自己该什么时候上厕所。”皮皮看到姐姐中招，坏笑着提醒说：“你的微笑哪里去了？”还有一次，仙度瑞拉姐姐正在写日记，皮皮飞快地跑过去拍了张照片放网上了，姐姐气得不停地问：“为什么？”皮皮看到姐姐生气极了，又坏笑起来。而我开始不觉得好玩了，狠狠地骂了皮皮，可是发现皮皮竟然还敢笑。

最严重的一次是皮皮当众掀起姐姐的裙子，差点把姐姐气哭了，我一怒之下，打了皮皮，她粉嫩的小脸上立刻泛起红印，可是，当时只有五岁的孩子竟然不哭，摆出一副对付我的架势。事情过去了几天，我再问她：为什么不哭？她还振振有词：“对方越生气你越得笑，怎么能哭？”我真是无语了，心里自问：这样的“厚”脸皮也不对头吧？

都说养儿容易育儿难。我怎么觉得什么都不容易啊！我这个贪心的妈想把全世界都给孩子。于是，皮皮遇到了哥伦比亚姐姐的豪放和不羁，德国姐姐的内敛和狡黠，瑞典姐姐的慵懒和各色，芬兰姐姐的幼稚和娇气，还有质朴憨厚但只有一根筋的南非姐姐、外柔内刚的马来西亚姐姐等等。皮皮的语言如母语一般生长在血液里了，与之一同渗入肌体的还有她难以分辨甚至我也难以判断的价值观和世界观。向东向西，朝左往右，路怎么走，我也难以抉择。

自立和自利

德国的仙度瑞拉姐姐为了完成来中国看看的心愿，用了近两年的时间积攒飞机票款。她在饭馆里端过盘子，在酒店里做过门童，在游泳池当过救生员，甚至在修车厂当过修理工……她说，在她的国家，超过十八岁的孩子一定不可以再向父母伸手要钱，凡事都要自立了。

仙度瑞拉的自立能力非常强，刚刚来到中国，在语言不通的情况下，她凭着一张地图、一本字典很快就能自由出行。什么更换灯泡、粉刷墙壁、缝缝补补更是难不倒她。一次，我的车子在路上爆胎，她竟然十分娴熟地更换了轮胎，并检查了安全隐患，让我刮目相看。相比之下，我的女儿皮皮已经七岁了，但还擦不干净屁股，不敢自己睡觉，更不用说整理自己的内务，自己给自己洗澡了，想到这些，我常常感到担忧和羞愧。

仙度瑞拉来北京的时候身上只剩下二百元人民币，她的父母除了给她热情的拥抱和真诚的祝福之外，没有给一分钱。我想，大多数中国父母都做不到。他们一定会给孩子带上至少一张银行卡，再塞上足够的现金，恨不得干脆跟着走算了。仙度瑞拉对此不以为然，她总是强调，她是个成年人，不需要监护，她有能力也必须由自己来养活自己，决定自己的未来。

仙度瑞拉告诉我，他们的父母不会像我这般带孩子，他们的底线低到让我吃惊，在他们看来，只要孩子没有生命危险，换句通俗的话说，只要不死，都鼓励孩子自己做，自己试。孩子玩火，知道烫，下次就不摸了，如果被烫伤会更加记忆深刻，会跟这个危险彻底绝缘，比教育十遍管用多了。这个理念在中国父母这儿是万万行不通的。我就不敢尝试，养了个女孩子，万一破相了怎么办？中国的父母大都不愿也不敢让孩子付出巨大的成长的代价，所以很多孩子的自立能力很差。

仙度瑞拉说，他们的父母不会因为孩子而影响自己的生活，养上几个孩子和几条狗狗，不知不觉就都养大了，决不会像中国人养孩子那样兴师动众，那么费尽心机。然而，这么自立的孩子和父母、家庭关系又会怎么样呢？

仙度瑞拉即将完成在我家的互惠工作的时候，她家里传来了坏消息。她的有智力障碍的妹妹腿部要进行两次大手术，不然将来只能坐轮椅了；她的妈妈因为照顾她手术中的妹妹急出了内火，整个牙床都肿起来了，从视频上看，脸都是歪曲的；她的爸爸赶上公司裁员，失业后也大病不起，而唯一能帮助家里分担的十六岁的弟弟恰好在这时离开家乡读高中去了……在我看来，这个家已经在风雨飘摇之中了，仙度瑞拉一定会第一时间买飞机票回家救援。我默默做好了离别的准备，开始忧虑怎么才能让皮皮不过度伤悲。

很快，仙度瑞拉就向我提出离开的请求，然而，让我不解的是，她不是离开中国回家“救火”，而是想要体验一下没有互惠家庭的庇护，完全独立生活的感觉。她决定搬出我家独立租住两个月，等到签证到期再回国。我终于禁不住直截了当地问她："你的家多么需要你帮助，你在这个时候，没有要做的工作了，为什么不回家呢？你在外头租房子住，除了房租还会产生许多额外的生活费，不像在我家里什么都有提供，为什么不节省下来一些金钱，反哺一下父母呢？"仙度瑞拉直摇头，她说："我妈妈说，照顾妹妹和父亲是她的事情，不是我的事情，她希望我能够在中国完成所有的心愿。如果我留下太多遗憾，她也会遗憾。至于钱财，我妈妈绝对不会接受我的钱，就像我不拿她的一样。我能做的就是为他们祈祷。"我听了这样的话真是大跌眼镜。这在中国简直就是不敬不孝，就是自私自利。

仙度瑞拉费了好大劲才给我解释清楚。在他们看来，孩子不是父母的，是父母代社会培育的，孩子和父母一样都是上帝的孩子，是平等的，谁都不拥有谁，谁也不欠谁。追寻这样的理念，我慢慢理解了一些，为什么很多西方的孩子的确自立但更自利。他们都是以"自我"为中心的，他们的概念里"我"就是我自己，而对于中国人而言，"我"是"大我"，包括亲人、朋友。

仙度瑞拉陪伴皮皮拍摄完成了电影《洋妞到我家》，加上拍摄前在我家的日子，她和皮皮相处了十一个月。然而，她还是拖着箱子走了，尽管她走的那一天我恰好特别需要帮助。我也慢慢接受了她们的 AA 制，她们中有的会计较到陪伴孩子吃苹果也算工作时间。她们无法理解中国的雷锋和电视上的北京好人。

尽管女儿不够自立，但是女儿知道吃东西时和我分享，还甜蜜地对我说："我会用九种语言唱生日歌，谁过生日我就唱给谁，谁听我唱就会付钱给我，那样我就能带你周游世界。"听孩子这样说，我的心也醉了！

瑞典姐姐与传说中的良好教育

初次见面，来自瑞典的利尼娅就把我们“镇”住了。她戴着一枚漂亮的发卡，发卡下面一分为二，一半粉色的头发鲜艳得刺眼，另外一半居然是光秃秃的不毛之地。皮皮倒是不介意，甚至带着几分羡慕的语气说：“姐姐的发型真有个性。”

之所以挑选了瑞典姐姐，是因为传说中瑞典良好的教育。中国的媒体上常常有介绍，瑞典被称为教育事业最成功的国家，英国、美国等发达国家也都趋之若鹜。然而，瑞典来的姐姐利尼娅却让我对此打上了一个大大的问号！

从利尼娅的穿着就能判定她是个特立独行的姑娘。不仅“阴阳头”显得很另类，她的身上和臂膀上的文身也标榜着她的与众不同。曾有一段时间，皮皮也学着她的样子在身体上贴“文身”，那种在水里浸泡过的有各种图案的美丽贴纸被皮皮称为“水文身”。利尼娅给皮皮讲瑞典学校里的段子，在她的口中，瑞典的中学生们真的很自由，每个周末都会有各种主题的派对，其中很多都是为新妈妈庆祝。中学生在学校里就能当上爹妈，养育孩子。听到这些，我还是困惑，良好的教育体现在这儿吗？

从报道上看，瑞典的教育中有“利他利己”之说，但是，利尼娅的利己做得过于充分，却看不到“利他”的表现。她来我家不久，就提出能否让自己的双胞胎姐姐来北京玩，她的姐姐正在上海的一个家庭做互惠生。我痛快地答应下来，并且一口回绝了她付钱的想法。我很“中国”地对她说，这么老远从瑞典来到我家，来帮助皮皮，就要像家人一样，家人怎么可以相互计算金钱呢！利尼娅非常高兴，马上通知了她的姐姐，很快，那个和她一模一样的“一半海水，一半火焰”的文身女孩出现在了我面前。

中国人都好客，我赶紧下厨房，施展厨艺，给客人接风。不知道是我做的饭菜对上了她们的胃口还是她们没有这方面的教养。两个女孩将喜欢的菜直接端给自己，然后一扫而光，甚至和皮皮抢吃抢喝。很快，我家冰箱中的水果、餐桌上果篮里的水果也被吃光了。

为了尽地主之谊，我给她们包了一辆出租车，让司机带她们去长城、故宫、后海等名胜一通溜达，还带她们去看莎士比亚的戏剧、大剧院的芭蕾。两个姑娘玩得格外高兴。我本指望着她们高兴之余，多教教皮皮，可是两姐妹一回家，就把门死死关上了，弄得皮皮百无聊赖地在她们的门前徘徊。

一天，皮皮举着一颗荔枝，跑到我面前，说：“妈妈，把这个放在果篮里。姐姐们不懂分享，我得懂得分享。”后来，我才弄清楚。那段时间我忙于工作，还要陪伴皮皮参加央视“六一”晚会的彩排，没有来得及买水果，那对小姐妹没得吃了，遛弯儿回来，在门口买了不少热带水果。两人一边看电视一边躺在床上吃火龙果，一人一半，刚好被皮皮撞见。皮皮直截了当地问：“你们吃水果为什么不分享？我也要吃！”结果，两个姐姐商量了半天，给了皮皮一颗荔枝，皮皮觉得她们的做法太小气，所以，就把这一颗要来的果实捐到果篮里了。我表扬了皮皮，心里还在追问，良好的教育体现在哪里?

利尼娅的双胞胎姐姐要走了，我刚好要带皮皮参加“六一”晚会的录制，所以，在她走的当天特地向她提前说再见。她一边玩弄着手机，一边很勉强地回应了我一下，绝对没有下床送我到门口的意思。想到她在家里白吃白住了几天，弄得屋里一片狼藉，竟然连句客套话都没有，我非常失望。而利尼娅接下来的表现更加令我失望。

利尼娅请假的次数越来越多，不是瑞典老乡的聚会就是同学聚餐，我觉得她几乎忘记了为什么而来。有一次她答应10点之前回来，结果夜里1点才到家，吵醒了所有人。第二天，我认真地找她谈话，她却不以为然，连声道歉都没有。我只得跟她算账，问她才来了一个多月，但休息了多少天了。没想到，她竟然对我咆哮起来，大叫道:“闭嘴！”就在那一刻，我气得浑身发抖，压抑着怒火说:“你在跟你的长辈说话，你知道你多么没有礼貌吗？”她的回答让人吃惊：“这跟年龄无关。”她也给我算了一笔账，连我带她看戏剧、逛什刹海，甚至吃水果都算作工作时间。我忍无可忍，又很“中国”地提及我对她姐姐的热情款待，她一句冰冷的回答彻底击碎了我的心：“I never ask you（我从来没有要求你这么做）！”

因为是星期天，机构没有工作人员，我将她送到了离机构最近的一家酒店，办理了手续，想想二十岁的年纪，还是个孩子，心里还是放心不下，在酒店的小商店买了晚餐给她。她看到我又返回来，有点惊讶，我期待她接过我手中的食物和饮料时能够有一丝愧疚或者是一点感恩。但是，都没有，她竟然冰冷地问：“我想知道，这里的账都结清楚了吗？”

这个瑞典姑娘在后来和机构的沟通中，仍然坚持说，她不知道做错了什么。现在想来，也许她真的不知道。在她的认知里，你的给予和我的索取是两码事，在她的意识里，我喜欢吃就吃，这表示对你劳动的赞美，在她的世界里，第一位永远是自己，别人的感受并不重要……皮皮问我："你觉得利尼娅坏吗？"我对皮皮说："好像不能这么定义。"我只能说，她毁掉了我对瑞典优质教育的认识和所谓文明国度美丽传说的梦想。

被“累”哭的芬兰姑娘

芬兰的小姐姐汉娜丰腴、甜美，笑起来格外灿烂，可是，到了我家竟然被“累”哭了好几次。而她所付出的不能称为劳动的“劳动”连当时只有六岁多的皮皮的一半都不及，更不要说和我们这样拼命工作的人相比了。

皮皮和芬兰姐姐汉娜在一起

汉娜在中国的那段时间，正好赶上我们的影片《洋妞到我家》做宣传。一次，我征求她的意见问她是否愿意和我们一起出席看片会，她非常高兴地答应了。影片放映时间是在下午，她仍然按照自己的习惯临近中午起床，早饭和午饭一起吃，而我们从 5 点多起床，已经战斗了整个上午了。

看完影片，包括汉娜在内的人都很激动。很多专家和记者都自愿坐下来畅谈自己的感受，时间不知不觉就到了晚上近 7 点钟。为了不让孩子挨饿，我们在活动结束后，就近找了一家饭馆吃饭，然后回家。没想到本来高高兴兴的汉娜一回家就哭了起来，一问，她竟然对我说，是累的。连皮皮都惊奇地大声问："你每天都睡到中午才起床，参加个活动就累成这样？"

为了配合宣传我们的电影，我们要参加五个城市的路演。日程表上行程安排得满满的，一场场见面会、座谈会、招待酒会，不同城市之间的赶场，我担心汉娜受不了，建议她不要随行了。可是，上海、深圳、武汉、郑州，这些中国的大都市对她的诱惑太大了，能够在短时间内游历中国这么多地方，汉娜表示一定要跟着，她保证不哭，还和皮皮钩了手指做好了约定。

结果，累的程度还是超出了我们的想象。因为电影很受欢迎，也因为大明星徐帆等的强大影响力，不论是见面会还是研讨会，观众的热情常常让我们难以脱身，记者采访也都会超过预定的时间，有时为了赶路，连饭都要在车上解决。一天一个城市甚至两个城市地跑，晚上加班、早晨早起是必需的。尽管做了心理准备，最终，汉娜还是"累"哭了。她一个劲儿问我，中国人都是这个节奏吗？她说，真的感受到了电影中徐帆扮演的妈妈的口头禅"快，快，快"的内涵了，她起初以为影片中，陈建斌扮演的爸爸连拉屎都拉不踏实的桥段仅仅是个笑话，现在看来这些都是真的，她觉得中国人的生活太可怕了。

我告诉汉娜，我每天都是小跑着做事的节奏，要不然就来不及送孩子、上班、开会，我每天脑子里都要装着无数件琐事，因为除了孩子的吃吃喝喝，还有我的工作和我自己坚持的写作。我告诉汉娜，皮皮的爸爸每天只有不到五个小时的睡眠，很多时候还要在飞机上睡觉，工作时间从来不会是八小时。我告诉汉娜，中国的学生大都是五六点钟起床，年级高一点的孩子午夜才能入睡，没有休息日，放学后都要上各种补习班。汉娜不解地看着我，不住地问："为什么？"

汉娜告诉我，芬兰是个高福利的国家，人生活得非常舒服。像皮皮这个年龄的小孩子每天10点钟才去上学，吃过午饭，一两点钟就结束课程了。大部分时间都是玩、体育锻炼或者是参加社会实践。芬兰人很少加班，一到下午就有很多商店关门了。早晨来点咖啡，下午喝个下午茶，家人们都会回家吃晚饭，享受团聚的乐趣。芬兰的女人地位很高，不可以像我这样累，我这个活法在她们国家就算受虐待了。

汉娜的话严重地刺激着我，她还说，芬兰的女人如果生育了孩子是非常自豪的事，大家都会来庆贺，政府、邻居都来帮忙。出生的孩子会收到很多的礼物，包括成长需要的所有东西。重要的是，丈夫一定会分担家务，所以，政府规定：一旦女人生了孩子，丈夫也可以获得两年的产假，而且是带薪酬的。我羡慕、嫉妒着，心中默默计算，如果一个女人生育四五个孩子，丈夫岂不是能跟着歇半辈子了？相比之下，中国的女人要一边上班一边躲进卫生间挤奶，不然会湿透了衣服。中国男人，坏的不说了，对于好男人，添丁进口，压力会更大，会更加努力，不回家或不能回家的爸爸实在太多。

我们有时也跟汉娜开玩笑，我让汉娜给我找个芬兰老公，我不想再受"虐待"，皮皮爸爸也不甘示弱地说："帮咱寻个芬兰女孩吧，我也想休带工资的产假。"玩笑归玩笑，我们都知道，正因为中国人都很拼，所以才有日新月异，才有富强繁荣。当然，也因为拼得太"累"而造成生活质量下降，甚至疏离了亲情，使得国家不得不立法来强迫那些忙碌得停不下来的子女"回家看看"。然而，生活得逍遥自在的芬兰人难道就没有任何危机感吗？曾经风靡一时的诺基亚不是已经难觅踪迹了吗？吃老本、高福利的国家一旦福利少了、老本没了，那可怎么办呢？我不禁也替人家担忧起来，顺便也安慰一下极度不平衡的心。

英国人眼中的礼尚往来

夏老师是英国皇家戏剧学院的教授，也是中国一所名牌大学的特聘教师。在皮皮的外国姐姐们不能按时到达的空隙，她来给皮皮代英语课。这样的大材小用让我觉得着实过意不去，所以给夏老师准备一份像样的见面礼成了我必做的功课。当我把花色别致、柔软光滑，当然也价格不菲的丝巾铺展到夏老师面前时，我却没有看到期待中的惊喜。而接下来，这位有着良好教养的女士竟然跟我掰扯起中国的礼数来。

在夏老师的眼中，中国的“礼尚往来”不那么尽如人意。她解释说：“‘礼尚’如果是自愿的，而不是被对方索取的就不应该期待‘往来’。但是在中国，‘来而不往非礼也’，没有‘往来’好像很没有面子。”我赶紧解释说，我没有想过请夏老师还情，夏老师能够屈尊来教一个小孩子已经让我们非常感动。夏老师却并不接受我的美意，她解释说，这样的见面礼实际上是在给予她更大的压力。我想从孩子身上看到快速的进步和成长，这一定是我们最期待的“往来”，这个对于她来说就是压力。在和孩子接触之前，她真的不知道是否能还得起我们这个人情，因为除了怎么教还有如何学的问题，好学生才能成就好老师。夏老师简直是一眼就看穿了我的心思，我几乎无言以对。

那一天，和夏老师探讨的话题不是如何教孩子学好英语，而是中国人的“礼数”。中国虽大，却是熟人社会，仿佛谁和谁拐着弯都能认识，熟人社会以“和”为贵的处事原则让中国的礼数表现出了深刻的文化内涵。当然也有夏老师所说的缺憾，只是在约定俗成的社交场上，我们都是按照这样的传统和规矩行事罢了。夏老师说：“中国人常常不明白为什么外国人都习惯 AA 制，彼此分得清清楚楚，即使是夫妻、父母、兄弟姐妹也如此，其实，这也是一种尊重，大家不会为别人的付出备感压力，也不需要总忧虑着如何回报。而中国的人情交际会让人感觉累，因为，你的还礼一般要超过你笑纳的，这可能会导致‘笑纳’根本笑不出来了，而你笑纳的东西也许的确很贵重，但却并不是真正被需要的。”

夏老师说，中国人都很热情，她经常收到中国同事的礼物，有时，同事还带着她到处游玩还包吃喝，她每次要掏钱埋单都被告知“见外”了。她理解，这个意思就是把她当成了朋友和家人。可是，在她看来，朋友和家人也不可以随便占有别人的时间和金钱呀。所以，她觉得自己到了中国欠了中国朋友很多，她觉得这样的交往很不平等。让夏老师很不理解的还有她的很多中国学生都会在圣诞节、同学生日时送大礼，礼物都很贵。夏老师说：“他们并不像外国孩子那样勤工俭学，花费的钱还来源于自己的父母，花父母的钱去‘礼尚往来’好像说不过去。而英国孩子的礼物会简单得多，可能就是一支铅笔，但是，会有精美的包装，也可能就是废物利用的手工作品。在英国，很少有成年孩子花父母的钱去交往交际。在他们看来，这是耻辱的事情。”

“礼尚往来”一直被看作是中国作为礼仪之邦的一种美德，我们从小就接受着这样的教育，如今我们也是这样教育我们的子女。聊起这个话题，我突然想起皮皮很小的时候做过的一件事。那时候，她莫名其妙地喜欢起小朋友养的一条小鱼，而且喜欢得不得了，就收了小朋友送的小鱼，转手把我给她新买的一个金发碧眼的大个儿芭比给“礼尚往来”了。我当时那个气呀，一直唠叨说，那条小鱼一块钱而已，市场上多得是，可是送出去的芭比是从国外带回来的，花了我不少银子啊！后来，冷静下来，想了想，这真是大人的价值观。

对于孩子来说，交换的是她们最喜欢的就没错了，所以，也许这才是真正的中国式礼尚往来的内涵所在。当我把这个段子告诉夏老师时，她频频点头。她说，在孩子的世界里都为对方奉献出了自己最喜爱的东西，这就是平等的交往，这才是“礼尚往来”。有趣的是，皮皮的这个段子和我早年创作的电影《欢乐公主》里面的一段剧情不谋而合，当年电影里的小主人公用芭比换来一只小乌龟的情节引发了大家的热议。

夏老师告诉我，外国人的“礼”虽然不贵，但更加讲究，如果你送一把梳子给朋友，人家会嘀咕，是不是觉得我该理发了？送清洁用品给人家会被误解为你正在提示人家的卫生状况。这真是文化差异呀。

夏老师给皮皮上课是从英文歌曲 *Let it go* 开始的，皮皮迷恋《冰雪奇缘》这部迪士尼电影，也迷恋这首主题歌。夏老师要求我把歌词打印出来，让皮皮先理解其中的意思再去歌唱。果然，皮皮再唱这首歌时，表情更加丰富了，在激动的时候还会将道具手套脱下来，扔出去。夏老师下课后没有拿走那条丝巾，她说，当她代课结束后，我们真的感到孩子进步了，有收获了，她会视这条丝巾为报酬之外的奖励，是对她工作的肯定。

几个月后，一个晴朗的午后，我在后海偶遇夏老师，她骑着单车，脖子上飘着那块美得刺眼的丝巾，灿烂的笑容让她看上去好美。

芬兰姑娘爱『炫』清洁工妈妈

皮皮调皮捣蛋、学习懈怠的时候，我常常冲着她大叫：“你这个样子将来只能捡垃圾，穿破衣服，住烂房子！”然而，芬兰小姑娘朱丽娅却让我第一次为这样威慑孩子而感到脸红。

朱丽娅很喜欢“炫”自己的父母，尤其是当清洁工的妈妈，她说，她的妈妈把一切打理得干干净净，她的妈妈健康而且美丽，她的妈妈受人尊敬，被很多人需要，忙不过来的时候还会带上她一起去帮忙。她的妈妈心灵手巧，会把废弃的东西变成宝贝。她的妈妈收入不错，不会比诺基亚的高管生活水平低，重要的是，她的妈妈能用自己的钱买新车和大房子，非常幸福和满足……

皮皮和爱“炫”清洁工妈妈的芬兰姐姐朱丽娅

可能是受到了妈妈的影响，朱丽娅是我见过的外国姑娘中最干净的一个。她的房间清爽、整洁，她的物品井然有序，她总是把自己打扮得漂漂亮亮，一头金发常常会有不同的造型，她拿来缠头发的绳子，有的是礼品盒上的丝带，有的是手工编织出的小工艺品。她喜欢带着皮皮做手工：彩纸做的帽子、鞋子，布头做的小娃娃……她还会做芬兰传统的食品。一次，我外出开会，遇上大堵车，心里惦记着孩子会不会被饿坏了，结果到家时发现皮皮正跟朱丽娅姐姐“推杯换盏”呢。朱丽娅做了芬兰的土豆泥、沙拉、肉丸汤，两个人吃得可高兴了……再看厨房，灶台、锅碗都已经收拾停当。

看着眼前阳光、自信的芬兰女孩，一个清洁工的女儿，我不得不由衷地赞美。然而，在现实的中国，如果父母是清洁工，我想孩子们一定不愿意向人炫耀，就有上大学的孩子不认“拾荒”老爹的故事发生，让人心酸。“拼爹”“拼妈”早已成为这个时代的热词，并从成人圈蔓延到了孩子们当中。“我爸是李刚”是众所周知“拼爹”的段子。在某知名小学，孩子们在斗嘴时，竟然把父母的官位拿出来当“武器”，“我的爸爸能把你的爸爸拿下”，这让大人们无比尴尬。

也已经有人对“寒门出贵子”这句古老的名言提出质疑了，寒门哪来的钱让孩子学钢琴、学舞蹈？现在还流行学电脑、学摄影，学习自己制作微电影。寒门的孩子见都没见过，又怎么去和见多识广的富贵孩子们站在同一起跑线上竞争？

我们不得不承认，在我们的世界里还有太多的不公平，比如那些明星的孩子个个都是含着金汤匙出生的，他们什么都不需要会，就有无数关注的目光，他们无须竞争，机会就会自动找上门来，而且，整个社会都在助长着这样的风尚。各种真人秀，秀的都是明星爸妈，甚至明星的猫狗。在这样的环境下，很难出现像朱丽娅那样自豪的炫耀清洁工妈妈的孩子，我们的清洁工真的还是贫困生活的代言人。正因为如此，我才会那样“教育”孩子：“像你这个样子只能扫大街……”我心里清楚这并不妥当，我们应该教会孩子尊重他人，从小让她懂得人人平等的道理，然而，我也不得不面对残酷的现实。

还记得我小时候的励志就来源于妈妈的一次“深刻”教育，那一次，我考“煳”了，妈妈什么也没说，把我带到大马路上去看冬天里扫地的清洁工，他们挥舞着大扫把，吸进的是灰土和烟尘，面对的是垃圾和污垢，风吹日晒让他们看上去格外苍老。接着，妈妈把我又领进了当时最好的北京饭店，我坐在大堂羡慕地望着进进出出的男男女女，他们个个光鲜靓丽，满口是听不懂的生意经。柔软的地毯、曼妙的背景音乐、迷离的灯光，一切都让人沉醉。从此之后，我的学习再也没有用父母费过心。

“鸡汤”式的文章常常告诉我们，做小草有什么不好呢？小草默默美化着大地，以顽强的生命力生长着。然而，每天仰视大树，小草能心甘情愿吗？能从心底体味到真正的幸福吗？我不敢妄言，但有一点可以肯定的是，没有一个父母不想自己的孩子成为大树。

路上的KIKI

我是在KIKI朋友的公寓接到KIKI的，她是皮皮的新姐姐，伦敦来的金发碧眼美女。出乎意料的是她没有行李箱，只有一个大大的双肩包，像随时要出发的样子。KIKI告诉我，她已经在外头“漂”了十五个月了，她打算在中国歇个脚，体味一下中国文化，然后继续她的旅行。

我真的很好奇KIKI靠什么生活，她骄傲地告诉我，她是边走边打工的。在澳大利亚的农场，她做了四个月农民，支撑她完成那份枯燥工作的动力就是再次出发，开启新的旅程。KIKI喜欢冒险和刺激，她和男友曾经钻进澳大利亚茂密的森林和各种野生动物一起生活，遇到过猛兽的攻击，靠着勇敢成功脱险。我想，面对野兽的袭击，KIKI除了惊悚，还有一种被激发出的勇士精神，被恋人呵护的温暖，那一刻，她会不会觉得自己就是美国大片的女主角？

KIKI的历险还有在海拔五千多米的高山上迷路。印度尼西亚的山水美不胜收，KIKI和男友坐在山顶看落日的照片像地理杂志的时尚大片一样惊艳，云朵似乎就在这对恋人身边，绵绵地、柔柔地飘荡着，让人想象着棉花糖的味道。他们坐在瀑布的顶端，感受“疑是银河落九天”的气势，美得让人窒息。然而，追逐美丽的代价是他们迷路了，从上到下，又从下到上，在山里转了七个多小时，水喝光了，食物没有了。KIKI 说，在黑暗的大山里，走着没有人走过的山路，她几乎绝望了，认定这座大山就是自己的归宿，她禁不住哭起来。但是，乐观的男友制止了她，鼓励她坚持，再坚持。最终，他们找到了河流并顺流而下。当他们坐到了大巴上，真切地感觉到了生活的美好：水的甘甜、食物的芳香……

KIKI 说最惊险的一次是在澳大利亚农场打工时参加的一个“party”，她和另外两个女孩被人在饮料里下了“药”，她一下子变得兴奋极了，根本控制不了自己的神经，当心怀叵测的农场主们要求她们留下来过夜时，她竟然爽快地答应了。幸亏她的男友打电话时感觉到了异样，立即飞奔到农场带走了她们。那天如果不是男友发现及时，包括 KIKI 在内的三个女孩真的是太危险了。我听到这样的故事，紧张得出汗，马上站在妈妈的角度想问题：如果是 KIKI 的妈妈知道女儿经历的这些该有多担心，怎么能撒手让她在外边这样“漂”？KIKI 满不在乎地说：“我不会告诉我妈妈发生的这一切，我只会对她说，我都好，不要瞎操心。”天，如果是我的女儿这么对待我，我简直要疯了，可是，谁能控制得了呢？我又向 KIKI 追问了一个中国人都忌讳的问题：“如果你在大山里当了野兽的美食或者在农场遇到侵害，你想没想过你妈妈的感受？”KIKI 的回答让我更加崩溃了：“我死了，便没有痛苦了，快乐我感受过了。放心，我妈妈也不会失去整个世界的！”

KIKI 把所有的历险看成财富和生活必需品。以至于我无论对她多么好，都留不下她那颗渴望远行的心。KIKI 在我的呵护下甚至哭了，说她很有愧疚感，可是家真的不适合她，她无法压抑自己内心的狂野。

外国人的育儿理念和我们有本质的不同，我们会说："养儿防老，我们不至于自己爬着去火葬场。"但是我肯定KIKI的妈妈一定不会有这样的想法。KIKI已经自己过了六年，近两年没有回家见过父母。当我问过她离开我家是不是先回英国探望家人时，她肯定地说不会，她要去印度尼西亚，然后再去澳大利亚的西部打工和游历，也许四年后，也许是三十岁以后，她可能回一趟家。对此，KIKI的妈妈并不介意，还叮嘱KIKI多拍些照片，多写一些游记，替她去看看世界到底有多大，完成她不能完成的梦想。

皮皮和英国姐姐KIKI开心的样子

KIKI无疑是个好孩子，至少她从不向父母伸手要钱。她向我炫耀她购买的房车，是一辆已经十八岁的"老爷车"了，她买进时花了不到两千澳元，她和男友自己动手把那辆车翻修一新，弄得就像个温馨的小家。他们开着那辆房车已经游遍了澳大利亚东部。来中国前，他们以三千二百多澳元的好价钱又将车卖了出去，还赚到不少钱。KIKI开心地说："如果说想家，我实在是想房车上的家。"我无语，我无法认同KIKI的"三观"，我的孩子如果这个样子，我真觉得白养了。可是，谁又不在心底悄悄羡慕这样的生活方式呢？我们有太多羁绊，不可能那么肆无忌惮地释放心中对自由的向往，也不可能成为时尚的有文化的流浪者。父母大都不希望自己的孩子成为 KIKI，这就是东西方文化和教育观念的不同。我想，融化在血液中的东西很难改变了！

法语老师

在皮皮可以叽里咕噜地说英语后，我们又期待她可以叽里呱啦地说法语。所以，请个法语老师迫在眉睫。在网上一通查找后，我们预约了一个星期天上午的机构试听课。皮皮很幸运地见了两个法语老师，一个热情似火，一个沉稳冷静。热情似火的那个问皮皮："你为什么要学法语？"皮皮说："我想让更多的人听懂我。"沉稳冷静的那个问皮皮："你为什么非要选法语而不是其他的？"皮皮的回答也是发自内心，她说："因为法语真的很好听，特别高贵！"两个老师都很愿意成为她的私教，不想在当晚，她遇到了第三个老师，诺曼底帅哥瑞米。

皮皮一见到瑞米，脸上竟然泛起了潮红，一向天不怕地不怕的皮皮居然腼腆起来，显得文静羞涩，她坚决地告诉我，她只要瑞米来上课。皮皮爸爸有点担忧地问我："女儿是怎么回事？难道青春期提前到了八岁？"我倒是不担心这个，我安慰皮皮爸爸说，在女儿看来，这个帅哥哥就像她的男孩芭比。

瑞米不仅"颜值"高，还很会上课。他手绘了各种卡片，还制作了一个棋盘。掷骰子，猜单词，看谁过关快。皮皮玩得兴高采烈，加上对语言的天生敏感，进步真的很快。瑞米每次都会对皮皮赞不绝口，让皮皮觉得自己超级棒。

因为瑞米，皮皮对法国充满了向往，她告诉我说埃菲尔铁塔是倾斜的，罗浮宫、凡尔赛宫里有许多艺术珍宝，《蒙娜丽莎的微笑》这张名画就被收藏在罗浮宫。皮皮还向我描述着法国的香水，整个城市都散发着迷人的味道。我非常欣慰地看到女儿通过学法语知道了这么多关于法国的知识。

从瑞米那里，皮皮还重新认识了自己的祖国，为自己是个中国人感到骄傲。瑞米给皮皮讲自己在中国的故事，本身就是良好的爱国主义教育。2012 年，瑞米在天津上学，他每天都会被盯着看，被围观，人们对他这个外国人充满好奇。现在，他走在天津同样的街区上，已经没有人关注他了，一是因为外国人随处可见，二是因为中国人个个都很忙，无暇关注其他的事情。瑞米说，中国的变化太大了，仅仅几年没来，很多地方他都不认识了，到处是美丽的建筑和欣欣向荣的生机，中国的古老和年轻让他着迷。

瑞米对皮皮说，如今世界上很难找到像中国这样快速发展的国家了，这样的进步让每个人都对未来充满希望。瑞米坦言，他和很多外国人一样，也喜欢到中国的贫困区走走，想了解真正的中国，而不是宣传片中的中国。结果发现，中国的穷人不少，但镜头里的他们都在笑，他们安贫乐道，信赖政府，相信未来，这是法国没有的景象。

皮皮从瑞米那里知道了法国的穷人都特别不开心，他们反对政府，他们什么也不愿意去做，不愿意尽自己的一点努力，只是一味抱怨，不看好国家和未来。如今的法国还有些不安全，浪漫的国度不再让人随心所欲，地铁里哪怕打碎一个瓶子，都会吓倒一大片人，边走边打手机，尤其是好一些的品牌，很可能遭到抢劫。以前夜不闭户的家庭都安装了防盗门。在这样的比较中，皮皮和我的幸福指数又提升了许多。

瑞米热爱中国的程度不比中国人差。他告诉皮皮，学中文是他改变自己命运的重大选择。他住在诺曼底的一个小城市，如果不走出来，他永远不知道世界这么大，中国这么好。他想以后做国际贸易，中国是个大市场，他的中文会为他的梦想插上翅膀。

因为对法语老师的喜爱，尽管皮皮的时间表已经满满的了，她还是会挤出一点点时间练习法语，皮皮想得到老师的赞美和认可，所以学习格外认真。我听着那咬文嚼字的发音，觉得那是世界上最动听的声音。

一个周末，皮皮说，她想看一部叫作《拯救大兵瑞恩》的电影。她在网上查了，这个故事就发生在诺曼底，是“二战”时期的一次著名的战役。盟军诺曼底登陆，经历了与德军惨烈的战斗，瑞恩的兄弟全部牺牲，为了保住瑞恩，特别行动小组开展了拯救行动，最终把瑞恩送到母亲身边。一个残酷却温暖的故事，曾经深深感动过我。如今，和女儿一起看，更是别有一番意味。女儿第一次用人性的角度思考问题，也第一次对世界历史充满了好奇，这才是学习语言的目的，通过学习来感知陌生的世界。

美国宝贝

见到来自美国的丽萨，有点惊艳。她高挑的身材、秀丽的面容，加上甜美的微笑，像模特一样美，皮皮称她为美国宝贝。

与其他互惠生所不同的是，丽萨除了体验中国家庭生活，还是一个环保志愿者。她潜心研究环境学，喜欢探索自然与人的关系。对于被外国人谈之色变的“霾”，她倒是很淡定，她认为，只要通过努力，“霾”是可以治理成功的。就像“伦敦雾”和“洛杉矶霾”一样可以得到改善。每天，她都在收集数据，在网络上搜罗出其他国家的先进经验加以总结。她还要调查煤炭排放的情况，给出分析报告，这让我非常敬佩。在丽萨到达的第二个星期，我很认真地对皮皮说，我需要采访一下丽萨，请你当翻译。

为了郑重起见，我给大家准备了小本和茶，营造了开会的严肃氛围，并把电子字典放在皮皮的手边。如果你把一个八岁的孩子很当一回事，她会感到非常骄傲，甚至有了一些责任感。皮皮的确表情庄重起来，学着专业翻译的样子，正襟危坐，拿着小本像模像样地记录着。我的第一个问题是：“你为什么会对环境问题如此关注呢？我知道你学习的是国际关系，是和政治有关的专业。”丽萨回答问题的速度很快，而且是不假思索。我的小翻译这个时候很有作用。她译道：“丽萨认为，地球上的人好像是住在一个家里，如果有谁不好，一定会影响到其他的人。比如中国的污染，如果继续恶化，不仅仅是中国的问题，还会成为世界的问题。我们的很多做法正在让这种情况向坏的方向发展，这让我很担心。我首先担心自己的将来，然后是担心我们人类的将来。”

我的第二个问题是：“你是个志愿者，做这些是没有酬劳的，你看上去很辛苦，但却很努力，这个动力就是关注人类的发展吗？”丽萨的回答很实在，女儿也被她的回答深深打动了，所以，女儿的翻译，那些拖泥带水的话越来越少，变得生动起来。女儿是这样给我口译的：“丽萨认为，能够从事一项对人类有益的工作是她最大的愿望，如果她能够为人类的生存环境找到更好的出路，会非常满足。她现在所做的就是积累一些经验，然后，就有了很多理由可以从事真正的研究。”对于女儿的翻译，我十分满意，也惊讶于女儿的语言能力，我甚至认为，这真的是一次很好的采访，而不只是我对女儿的锻炼。

那天，也和丽萨谈到了很多我很好奇的问题。比如，她对快乐的理解，她对金钱的看法，她对中国的印象等。丽萨都一一作答，在丽萨看来，做喜欢的事和喜欢的人在一起就是幸福的。她对金钱倒是看得很淡，她表示，如果她很有钱，非常愿意去帮助贫困的人。她的信仰是基督教，她很向往人人和谐和平等的未来。当然，她觉得中国好极了，她希望有机会到这个有活力的国家工作。对于一些很少在生活中用到的单词，皮皮会借助电子字典，她也会和姐姐探讨一个词语的不同用法，这让我觉得给皮皮小朋友“委以重任”还是很必要的。

皮皮和美国姐姐丽萨

因为丽萨姐姐，皮皮也开始更加关注环境。她在我的手机上下载了一个软件用来看天气，观察空气污染指数，由此决定自己的户外活动时间，她也懂得把电池等有害废弃物单独放置，她对于水能、风能等新能源充满了兴趣，有时会冒出一些奇怪的问题，比如："下雨可以蓄水在水库里，风怎么储存？"当她和丽萨探讨问题时，我能感觉到她小小的胸怀中已经有了新的世界。

皮皮十分崇拜丽萨，因为在从她见到丽萨的那一刻就被丽萨彻底"镇住"了。我还记得皮皮一次次充满童趣的"挑衅"。她歪着头问丽萨："你会滑冰吗？我可是滑得不错啊！"丽萨微笑着说："我小学时就是冰球队队长！"皮皮有点惊讶，也有那么一点失落，但仍然鼓起勇气接着挑战："你游泳怎么样？我已经敢把头放水里了，只带袖漂儿，我就能游得不错！"丽萨还是笑着说："我当过救生员和游泳教练，最擅长帆板和冲浪。"皮皮显然受到了刺激，高声问："那你会弹钢琴吗？"姐姐又笑了，肯定地说："当然会，不过，我更喜欢吹长号！"皮皮被这个多才多艺的姐姐"打击"到了极点，拿出了最后一招："那你会演戏吗？我五岁就拍电影了！"这一次，姐姐摇头表示不会了，皮皮才感觉好一些，抱了抱姐姐。我像看戏一样看到了这样有趣的情节。

丽萨是篮球队长，是排球高手，乒乓球也打得不错，她还加入了长跑俱乐部，她甚至能够倒立和翻跟头。丽萨还有不凡的厨艺和女红技能，她还是雕塑爱好者。相比之下，我真的感叹，在应试教育下，当我的孩子到了这个年龄，她能有这么多本领吗？她压根儿就没有时间去学呀！

所谓礼貌

大多数中国人都会认为：外国人，尤其发达国家的公民应该文明程度很高。金发、碧眼，干净、整洁，不但“颜值”高，还特别有修养。如果不和他们真正生活在一起，我也不会改变这样的印象。遗憾的是，为女儿皮皮请来的十余个来自世界各地的姐姐，大多数将“脏乱差”诠释到了极致。我通常是捏着鼻子进入她们房间帮她们开窗通风的，各种臭味、霉味混合在一起被浓重的香水味压着，简直能令人窒息。她们早晨洗澡，个个光鲜靓丽地出门，回家却不洗不涮，妆也不卸，直接上床，有时鞋都不脱。房间里到处是乱扔的脏衣服（外国人喜欢把脏衣服攒在一起洗），内衣和外衣也从不分开洗。她们的物品随意摆放，毫无章法，也大都不愿意叠被子，整理床铺，她们用的卫生间更是惨不忍睹。这样的生活常态和她们谦和、礼貌的外在形象实在是大相径庭。

和皮皮的洋姐姐们相处之后，我才认真地开始思考什么才是真正的礼貌。洋人对于礼貌的理解绝不是尊重别人的生活习惯，维护寄宿家庭应有的秩序和整洁，她们不认为自己的房间脏乱不堪和家庭其他成员有什么关系，她们不认为夜归、醉酒是妨碍别人的事，她们并不要求得到格外的关照，只是不要限制她们的自由就好，尽管她们的自由可能建立在他人的忍耐之上。她们的礼貌更多是外在的，她们会在餐后离席的那一刻极其谦和而礼貌地对你说："谢谢你的美食！"开始，我很享受这样的赞美，后来才发现这对她们来说就像是打个招呼一样，是根本不走心的客套。她们对于食物真正的赞美其实就是"拼命"吃，喜欢吃的菜就自顾自地吃个没完，有时干脆把整个盘子都端走。在我们瞠目结舌这样的不雅时，她们却不屑于中国人"吃饭时咂嘴，吃完先离席"。

相比而言，中国人的礼貌更加含蓄和真诚，中国人对"爱"的表达不是嘴巴上的"我爱你"，而是看到你爱吃就不再多取；我们的爱也不停留在"谢谢你的美食"，而是微笑着帮你一起收拾碗筷，虚心地问你，最喜欢的一道菜是怎么做出来的，让"厨师"彻底地开心于自己的劳动和付出。

外国姐姐们用得最多的话就是"请""谢谢"和"对不起"。说"请"的时候常常是索取，说"谢谢"时大多是客套，说"对不起"有时真是一种无奈。比如，洋姐姐大都我行我素，喜欢泡吧和逛夜店，她们会说：请允许我晚一些回来，或者请给我一把钥匙。中国妈妈其实是最慷慨善良的，看到把钱挥霍到泡吧上而鞋子都烂了或者裙子都抽丝的洋姐姐，大都会出钱给添置新的。得到礼物的洋姐姐们自然高兴，但是她们认为这不是"我要来的"，而是"你主动赠予的"，所以，她们大都只会礼貌地说声"谢谢"，指望着她们"投桃报李"，对孩子多用一些心思，那就是奢求了。

洋姐姐们大都只能待上三五个月，迎来送往对于我和皮皮来说已是家常便饭。尽管如此，对于每一个新人，我们都周到热情，尽量想给她们的第一次留下点好印象。刚走的澳大利亚姐姐瑞秋离开中国的时间是清晨，早上 4 点就要从家出发，前一天晚上，我们为她举行了欢送仪式，满足了她想再吃一次烤鸭的愿望，我们还把她的男友也接来，为了方便他们相互照应。如果是中国人，到达目的地一定会客气地报个平安，但是外国人没有这样的礼数。

除了走进来的洋姐姐、洋哥哥，还有走出去的中国孩子。相比之下，中国孩子吃苦耐劳，绝对不会把陪孩子吃水果也算成工作时间，也不会计较带几个娃娃，所以中国孩子格外受欢迎。

也许“互惠生”这个项目吸引来的人群不是哈佛和剑桥的精英，但是，我可以负责地告诉妈妈们，发达国家的洋人们不都是我们想象中的样子，他们彬彬有礼的外表下藏着中国文化所不能包容的东西，简单说就是“三观”和我们绝对不同。说实话，如果拿同龄的外国孩子和中国孩子相比，我还是喜欢我们传统文化熏陶下的孩子们，尽管他们的礼貌也许只有羞涩的一笑。

“没有一种礼貌会在外表上叫人一眼就看出教养的不足，正确的教育在于：外表上的彬彬有礼和人的高尚的教养同时表现出来。”这好像是歌德说的，真的很有道理。

第二章 带着爸妈去远游

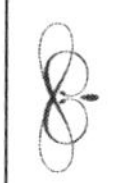

走出国门，和孩子一起进入几种不同教育体制国家的学校、走进西方人的家庭，看到了完全不同的风景：各式各样的『学生制造』、零距离亲近自然、三十六种国籍带来的包容、在一丝不苟中任性……当孩子打开视野，接纳更多的文化形态、人生形态，尊重、特色、成长……一起随之而来。

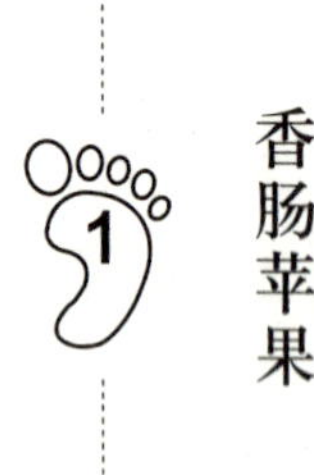

香肠苹果

一走进澳大利亚霍巴特地区最好的私立学校，我就被那里各式各样的“学生制造”吸引住了。用折纸折出的立体的椅子伸出墙外，各种废料做出的花朵“竞相开放”，高年级木工课上同学们制作的一艘艘漂亮的木船仿佛就要启航。还有跟历史有关的丰富的绘画作品书写着澳大利亚并不漫长却值得骄傲的历史……因为女儿皮皮当时是一年级的小朋友，所以，我格外关注了和她同龄的孩子们的作品。

一年级的展览墙上展出的是学习字母“A”之后的成果，Apple是孩子们在课堂上拼写的第一个单词，孩子们用文字、图画描述着不同的苹果。塔斯马尼亚州本来就是苹果之乡，苹果种类多，好吃到我都开始怀疑之前吃的究竟是不是苹果。孩子们笔下的苹果充满着灵性，红的、黄的、绿的，透着香甜，其中一个孩子画了一个长相奇怪的苹果，写的是“香肠苹果”。也许这是他最喜欢的两种食物吧，尽管它们其实并不搭边。然而，“香肠苹果”又有什么关系呢？老师给出的评语是：“非常有想象力，好极了！”这让我不得不为这所私立学校的教育理念“点赞”。

并不是厚此薄彼。我们的教育中标准答案常常只能有一个。一次，同事的孩子回答“谁是《三国演义》里最聪明的人”这个问题时，答了孔明，结果算错，因为答案只能是诸葛亮。同样，皮皮在学习中也多次遇到了这样的问题，学校要求书写规范得如同印刷版，有几次，看到孩子无力的小手吃力地握笔写字，一次次涂改，最后被眼泪晕染，我悄悄帮了忙，结果居然也没有通过，原因是“田字格”占格不够标准。皮皮的英文是像母语一样培育的，结果她在简单的考试中也常常丢分，还是因为书写不够标准。外国人写“l”就是一个小竖道，写“x”常常随意打个叉。皮皮的互惠生姐姐们总是不解，不停向我解释，她们大学都毕业了，从来没有因为字母书写的弯钩不规范丢失过分数，我只能告诉她们，这是在中国。再看看墙壁上的“香肠苹果”，还有那些龙飞凤舞的“A”，我也不能确定，这样低要求下的孩子将来会不会在书写上落下“病根儿”。人家的老师肯定地说，没关系，孩子们会一天比一天更有进步的。老师的微笑里透着自信。

田字格里的规范在澳大利亚的确出了点问题。参观博物馆的时候，别人都忙着去端详那些有故事的文物，感受百年油画中的澳大利亚沧桑巨变，观察澳大利亚独特的动物，甚至只剩下标本，已经灭绝了的动物。皮皮却舍本逐末地在小本子上“很有样儿”地记录，她书写得极其缓慢，因为她要求自己字迹工整，结果总赶不上大家的节奏，错过了很多精彩的讲解，还得让大家等她，满世界地找她。最让我哭笑不得的是，皮皮因为没有橡皮，纠结于忘记点标点，又没法修改所记录的内容，不停地“无理取闹”。当她含着眼泪对我说“这样书写不对，老师会扣分”的时候，我有点崩溃了。我蹲下来告诉她：孩子，你知道吗，你因为纠结一个标点，错过了什么，那些价值连城的佳作、那些珍宝和文物，还有只有在澳大利亚才有的动物也许一辈子都无缘再相见了。然而，她只是用小手反复摩擦着本子上的字迹，始终顾念的是怎么才能把标点点对地方，又让字距匀称。

至今，我也不知道是不是“田字格”里的规矩有点过分，中国毕竟有太多的孩子，不可能实行小班教育，老师如果不定规矩，可能真的没法上课了，因材施教只能是美好的愿景。而澳大利亚人口少，孩子们的个性化发展有可能得到保障。我注意到，上课的时候，低年级的孩子围着老师坐成一圈，如果天气好，课堂就干脆搬到草坪上，孩子们坐在绿色的“地毯”上，晒着太阳，听老师讲各种好听的故事。高年级的孩子们更加自由了，就像在自家的客厅一样随意，他们每人抱着一台小电脑，在沙发上听讲和老师互动，比我们“手背后脚并齐”的课堂气氛热烈得多。

因为参观澳大利亚私立学校的那天恰好是周末，所以赶上了各年级都有的戏剧课。孩子们自己编剧、自己导演，低年级的同学演绎从生活中观察来的片段，妈妈的唠叨、爸爸的烦恼等等，个个都有表现欲。高年级的孩子们改编的大多是世界古典名著，他们一会儿是驰骋疆场的斗士，一会儿是充满智慧的先知。还有不少游戏的桥段穿插其中，竞技、淘汰、合作，游戏既调节气氛，又练习了反应能力，孩子们个个投入，舍不得分神。

女儿皮皮和外甥开开在离私立学校不远的公立小学上了一天体验课。当我们像其他家长一样接孩子的时候，发现两个孩子已经被当地的小伙伴“同化”了，两人都脱了羽绒服，只穿运动衣和同学们在门口追逐、嬉戏。当被问及都上了什么课时，皮皮肯定地说：“一直在玩，讲故事、看书、游戏，没有上课呀！”上四年级的开开简直像说段子，告诉我，老师在电脑上显示了两个樱桃，问题是有几个樱桃。我猜想，老师一定是为了给开开一些自信，或许是在教授简单的计算机编程？

澳大利亚的华人司机告诉我们，澳大利亚的孩子从一年级到四年级，是不会纯灌输式地上课的，也没有统一标准的教材，老师手里只有教学提纲，参照孩子的年龄该达到什么要求自行授课。澳大利亚的孩子重视阅读和动手能力，个个都是“DIY”高手，男生会有木工、运动类等特殊课程，女生则会有烘焙、布艺、插花等优先课程。

看到我在路上都在教皮皮背诵乘法口诀，这位幽默的华人司机笑了，还给我们讲了一个自家产的段子：他的妻子刚来澳大利亚是收银员，有一次，一位澳大利亚老人用100元买了88.12元的物品，她随手就找给老人11.88元，结果老人坚决不收，认为收银员算都不算，一定搞错了。司机的收银员妻子只好打开计算机，显示了完全一样的数字。老人惊呼起来，连声夸奖司机的妻子是数学天才，而事实上，这位“女生”在国内数学很少及格，愁坏了父母。华人司机骄傲地说，要知道，我妻子现在可是澳大利亚持证上岗的会计，她之前怎么也不会想到自己现在的饭碗是天天跟数字打交道。我也笑了，这真的有点像“香肠苹果”，一切皆有可能。

住进西方人家庭

尽管在外国电影中见识过无数的美宅，还是差点被我们借住的西方人家庭“亮瞎”了双眼。

杰妮家位于澳大利亚塔斯马尼亚州的霍巴特，我们一家到达的时候已近黄昏。一座精巧的褐色房子被绿色的花园环抱着，小树小草都修剪得如童话世界里的人偶，又像一个个门童迎接着客人。滑梯、蹦床、摇椅，在冬日的夕阳下披上了一层金色的光芒，格外炫目。迎接我们的除了热情的杰妮还有一只健壮的松狮大犬和一只肥胖的大白猫。

杰妮为我们准备的房间整洁得就像五星级酒店，除了床褥铺叠功夫了得，连浴巾、面巾都叠出了花样，让我们不忍心触碰。地毯干净柔软，房间里散发着淡淡的熏衣草的香气。浴室没有任何杂物，洁白的手盆、浴缸，格子毛巾、脚垫，一小束鲜花……每一个细节都完美无缺，显示着主人的精致生活。平日里不拘小节的老公肯定地说，这不像住过人呀，或者根本就是为我们特别准备的。

女儿皮皮和外甥开开欢呼起来，原来是房子里的小主人们一个个回家了。十四岁的杰森一身短袖运动装扮，和我们包裹得像粽子一样的孩子形成了巨大的反差，他拍着开开的肩膀，像熟人一样打着招呼。

十岁的章森和开开同龄，他身着一身练功服，是跳着爵士舞步进的门，他打招呼的方式很特别：像绅士一样给大家行了个礼。六岁的莱丽是个可爱的金发女孩，比皮皮小一岁，她一身体操服，是个体操小能人，娇小轻盈的她干脆跳起来和皮皮来了个紧紧的拥抱。我注意到，小主人们进门后，都习惯性地把书包挂在门口的挂钩上，换下的鞋子也都整整齐齐摆成了一排。

每个挂着木头名牌的房门都被主人们打开了，让我为之惊讶的是，男孩的房间也如出售的楼盘样板间一样整洁光鲜。杰森房间的一面墙壁都挂着奖章，金光闪闪的奖章和各色吊绳别致地装饰了墙面，沙发后的支架上整齐地码放着一排篮球，也在不经意间张扬着主人的个性。章森的房间则有更多的书和影碟，它们被摆放得像书店的展架一般工整，让人对这个小男孩刮目相看。女孩莱丽的房间就像迪士尼乐园的大橱窗，连床上都摆放着七八只“米老鼠”布偶，但杂而不乱。最让我赞叹的是莱丽的衣柜，小衣小裙依次排开，折叠的衣物完全就是商城专柜的专业折法，再看看至今不会系鞋带的女儿，惭愧的感觉不禁在心中升腾起来。

男主人回来的时候已经是晚饭时间了。他和我们寒暄之后，洗干净手，立即帮助妻子杰妮一起做晚饭。两人配合默契，手底下干净利落。我注意到，在锅碗瓢盆之间，两人不时给对方一个微笑，有时相互投去爱慕的眼神，白色的厨房里不但飘荡着香甜的味道，还有温馨的充满爱意的家的味道。晚餐之前，杰妮的母亲也回来了。我怎么也看不出来，这个美丽优雅的老妇人竟然是个癌症患者，除了她摘下假发套的时候，我无论如何也看不出她的病态，她甚至还在超市上晚班，不是为了钱，而是为了找到属于自己的存在感。当我知道院子里的花草都是她修剪的时候，真的对这位美丽的老妇人肃然起敬。

晚餐有沙拉，还有烤肉、烤土豆等，刀功非常到位，彩色搭配也很漂亮。孩子们托着自己的托盘用夹子索取食物，有点自助餐的感觉。我注意到每个孩子都不多拿，即使是自己非常喜爱的食物也一样。孩子们坐一桌，大人们坐一桌，各聊各的，不时有笑声响起来。狗狗和猫猫也表现得格外有礼貌，耐心等待着主人们欢聚之后的关照。也许是想到了在国内的各种忙，很少一家人做饭吃，孩子常常几个月都见不到爸爸，每天打仗一样的节奏，夫妻之间充满着熟悉的陌生……看着这样其乐融融的一家人，我的眼圈竟然有些湿润了。杰妮和她的丈夫弄懂了我的感慨之后，有点不理解。对于他们来说，没有什么比家人更重要的了，一个美丽干净的家，老人、孩子，猫猫、狗狗，看着孩子们成长，才是真正的幸福。

杰妮的三个孩子都吃完了盘子里的食物，他们把吃得干干净净的盘子和刀叉放入水池，显得满足极了。皮皮和开开却都剩下了不少食物，教养在细节上一下子体现出了差距，这让我觉得有点难堪。杰妮的母亲看出了我的感受，宽厚地说，不要紧，狗狗和猫猫会帮忙的，不会有浪费的东西。

三个孩子、一位患病的老人、一只大狗和一只肥猫，房屋内外还能如此整洁，况且杰妮不是一位全职太太，她是一位出色的戏剧、舞蹈老师，有着她热爱的事业，有着爱她的学生粉丝，这让我简直难以置信。

在阳光照耀的大海边，望着被称为“病态蓝”的天空，大朵的白云仿佛就飘浮在头顶，深深吸一口，空气都是甜的。看着孩子们在沙滩滑梯上玩耍追逐，杰妮脸上挂着幸福的微笑。我问她：会不会累？

因为在我来澳大利亚之前收集到的各种传说中，都有一个说法：澳大利亚人的生活节奏缓慢，在澳大利亚，没有加班、没有废寝忘食的工作，澳大利亚人很容易满足，当然也缺少奋斗精神。然而，杰妮却不是，她教出的学生在舞台上精彩的舞蹈表演，不知台下要付出多少汗水。她的家干净得一尘不染，冰箱里的储备都是陈列式的摆放，这样的家她势必要天天打扫。她的孩子们个个都学有所长，这其中妈妈的用心更不用说了。杰妮笑着说，身体有时会累，但心不会，她说，和丈夫一起做橱柜，一起动手装修自己的家，感觉太好了！天哪，人家连厨房那么漂亮的柜子都是自己做的，我只有羡慕的份儿了。

在杰妮家住了四天，被皮皮问了许多个我不知怎么回答的问题：为什么人家的孩子可以到想睡觉的时候再去睡觉，而不被规定必须几点上床？为什么人家的爸爸天天能回家吃饭，分别的时候还要和妈妈亲吻一下？为什么人家的妈妈从不对孩子咆哮，即使是孩子们打起架来？为什么人家的孩子没有做不完的功课，每天都能和爸爸妈妈一起拼装玩具甚至看喜欢的电视节目、玩电游？为什么人家都有三五个孩子，兄弟姐妹可以一起玩耍，她只有一个人？……皮皮无比羡慕地说，妈妈，我觉得杰妮的家才是我想要的家……

离开杰妮家的前一天晚上，杰妮的孩子们在一起用许愿沙许愿，希望第二天早晨能下一场雪，那样的话，他们可以不用去上学，就能亲自送我们上车了。第二天一早，雪花真的纷纷扬扬地飘起来，在雾气笼罩下的“神山”宛若仙境。杰妮家的两个儿子只穿着单薄的T恤衫费劲地将我们的大箱子向车上搬运，而我们的两个孩子却不知道该说点什么、做点什么。雪花落在我的脸上，和我悄然流出的泪水混合在一起。不知为什么，此情此景下，我变得如此脆弱。

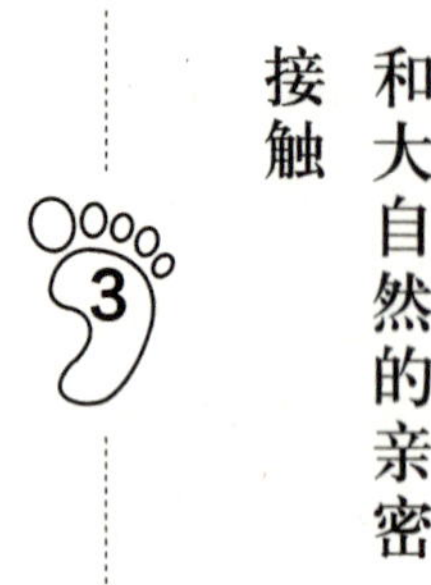

和大自然的亲密接触

在澳大利亚，如果你的餐桌上飞来几只小鸟，静静地等待着和你分享美食，如果你在夜晚开车，拖家带口的袋鼠们拦住你的车子讨要食物，都是太寻常的事情了。澳大利亚的动物一般不怕人，在海边，随处可见闲庭漫步的海鸥。黄昏的时候，一些海域还会有大量的塘鹅游上岸来享受专职饲养员提供的活鱼大餐。出海的时候，碰到跃到水面上卖萌的小海豚，偶尔和鲸鱼相遇，也并不稀奇，因为这里是人与动物和谐相处的世界。

对于一个北京人来说，身处澳大利亚如画的风景中，大口吸氧，享受明媚的阳光和香甜的空气，已经是一件很奢侈的事了，更何况随时还会被大自然的鬼斧神工震撼到，会被各种美感动到想哭。在史蒂芬港，海和天交融在一起，蓝得透彻、刺目，沙滩居然连着一望无际的沙漠，连绵的沙丘和大海奔腾着的白色浪花遥相呼应，真是难得一见的景观。坐在木板上，从小山似的沙丘上滑下来，就叫作“滑沙”了，这是当地人都喜欢的运动。孩子们尽管有点怯懦，但还是在教练的鼓励下，体验了这个特殊的巨型沙子滑梯。被太阳晒得火热的细沙柔软、温暖，用手指当桨，将身体慢慢地放松，孩子们的笑声、叫声在空旷的沙漠上回响着……

在马场骑马，穿戴上全套护具，穿梭在丛林中或大海边，路上很可能突然遇到一阵大雨，还来不及躲避，雨就停了，然后就能看到彩虹像美丽的丝带挂在了天上。树枝、草叶都被洗得发亮，鸟儿争相鸣唱，马队不紧不慢地走着，颠簸着、摇曳着你的身心，让人陶醉。

我注意到，无论是滑沙还是骑马，手机、相机、钱包等“身外之物”都被收走了，你可以毫无羁绊地投入大自然的怀抱。比起国内各种营业性的“跟拍”，到了终点你不得不高价购买照片的销售手段，这里什么都不提供，你唯一的拍照机会就是运动开始之前听人家讲规矩的时候了。对此，管理者的解释非常一致：不仅仅是出于安全的考虑，还为了让你好好享受这样美好的过程。

在不少中国游客看来，澳大利亚人只有一根筋，怎么就不能活络一些呢？有机会赚钱为什么不要。澳大利亚人却真的不会多要，他们喜欢简单的生活，不会以破坏自然为代价去谋求利益。到悉尼的第一天，喜欢考拉的皮皮和喜欢鸭嘴兽的小表哥开开放下行李就迫不及待来到了动物园，然而，鸭嘴兽们和考拉们都休息了，虽然还没有到关闭园门的时间，但是，鸭嘴兽馆灯光太暗，什么都看不到了，一天要睡十七八个小时的考拉更是被精心呵护着，只有很短的时间可以靠近照相，我们被告之，想和考拉合影要提前预约，票面上都会预约准确的时间。如果想去企鹅岛看成群的企鹅上岸，就更麻烦了，一定要等到天黑之后，企鹅岛不会被灯光照亮，游客也不允许使用闪光灯，以免惊吓到企鹅们。孩子们真正领教了澳大利亚一切“以自然为本”而不是人可以为所欲为的理念。

到了墨尔本不用叫醒，孩子们就主动起床了，终于赶上了和袋鼠、考拉们的约会。在墨尔本野生动物园，袋鼠们招之即来，只要你手掌里有香甜的食物，它们吃满足了，会非常开心，甚至会立起身体与你合影；小考拉抱着桉树，蜷缩着身体，半张着眼睛，一副懒懒的、呆萌的样子，游客们只被允许靠近它们合影，不可以怀抱，不可以打扰到它们。好像只有蛇和猫头鹰的会客时间会稍微长一些。那些驯兽员简直把自己照料的小动物当成了知心朋友，捧着猫头鹰的姑娘甚至喋喋不休向那只猫头鹰倾诉情感上的烦恼，还威胁那只大鸟，如果它也不听她的，她一定会离开。驯蛇的姑娘简直太酷了，白皙的脖子上缠绕着一条大蛇，这个特殊的“项链吊坠”正是那条大蛇在她胸前昂起的头。驯蛇姑娘解释说，她从来都把自己看作是一棵树，是蛇可以缠绕的家，很温暖、很安全，而蛇也会让她变得自信和勇敢。在她的鼓励下，孩子们居然把大蛇绕在脖子上照相，皮皮告诉我，冰凉的蛇皮手感好爽、好滑。

澳大利亚是海洋之国，海洋馆里自然有北京见不到的鱼类。各种颜色的美丽的大大小小的鱼儿就在你的身边游来游去，让你也能感受到自由和畅快；在蓝天大海的怀抱中，在连成片的被海水打磨得光滑的礁石上远眺，心也跟着开阔起来，烦恼全被海风带走了，祈祷就这样定格，宁愿站成海边的雕塑。孩子们忙着捡拾贝壳，大自然的礼物没有重样的，每个小贝壳都让他们惊喜；坐着游船出海，凭海临风，海豚湾里数不清的小海豚在游船周围嬉戏着，这是生活在大海里的海豚，它们那么快乐，完全不在意人们惊喜的尖叫声和噼啪噼啪的拍照声。

在澳大利亚吃的也是自然的味道，水果的香甜，海鲜的新鲜，像化过妆一样的蔬菜，所有的食物都没有防腐剂的刺激。澳大利亚的牛奶浓厚、醇美，红酒更是让人唇齿留香……然而，即使澳大利亚人认为袋鼠泛滥已经在破坏澳大利亚的生态平衡，即使是香气扑鼻，即使是从来没有尝试过，我们这一行人也不肯吃袋鼠肉了，因为，袋鼠的温良和友善让我们不知不觉中把它们当成了朋友。

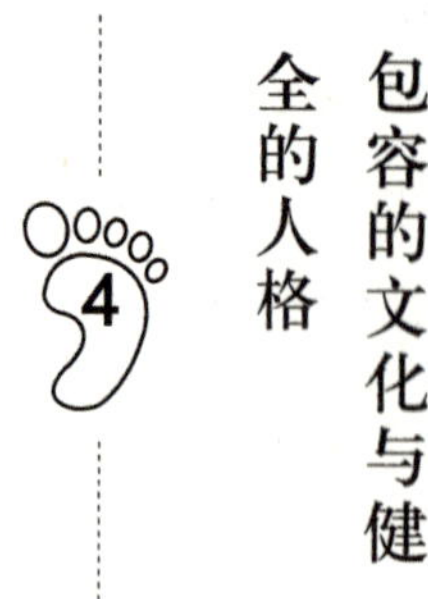

包容的文化与健全的人格

假期里，为了让女儿皮皮有更多的体验，我们大费周折，终于得到了在新加坡一所公立国际学校借读一周的机会，而对于皮皮来说，这一周得到的，是我们之前无法想象也无法给予的。

因为天气炎热，趁着天亮之前的一丝凉爽，新加坡的孩子们就要上学了。校门口，你能看到黄皮肤、黑皮肤、白皮肤、棕色皮肤的孩子们，他们有的戴着大耳环，有的眉心上点着美人痣。但他们穿着统一的校服，脸上洋溢着灿烂的笑容，无一例外，都是自己背书包，向门口迎接他们的老师、门卫、清洁工人大声问好，和身着各色民族服装的家长们道别，礼貌上的周全让人感受到这里的孩子有着良好的教养。

三十六种国籍，不同的肤色，不同的宗教信仰，不同的文化，汇聚成了这所学校特有的校训：包容。皮皮对我说，她的新同学中有很多虔诚的教徒，他们每个人心中都住着自己的神。有的同学会在特定的时间里做祷告，有的男同学从生下来就没有剪过头发，用白色的包头巾包裹着，看上去像阿拉伯神话故事里的王子。尽管他们那么不一样，但他们彼此尊重，从来不会相互排斥和相互嘲笑。

这里包容的文化体现在方方面面。学校教导主任王老师指着校史宣传栏上那一张张或天真烂漫或青春朝气的照片，对我们讲起了她最难忘的事。2015 年，学校的孩子们在每年都例行的赴马来西亚攀岩活动中遇到了百年不遇的地震，山体滑坡，七个孩子和两名老师不幸遇难。上至国家领袖，下到普通民众都参与到了紧急救援中。“七个那么好的孩子和两位那么善良勇敢的老师永远离开我们了，大家很长时间都无法接受这个事实，直到现在我都能在梦里清晰地见到他们。”

说起这次灾难，王老师热泪盈眶。然而，让王老师更加感动，也让我们生出无数感慨的是接下来的那组照片。那是死难孩子的家长们到学校来做义工的情景，他们没有怨恨，没有呐喊着索要赔偿，而是把思念化为对孩子生前同学们深厚的爱，他们教孩子们画画、做手工，甚至帮助打扫教室，浮现在脸上的慈爱让人对他们肃然起敬。王老师说，2016 年，当我们忐忑不安地向家长发出征询意见书，征询是否还要去马来西亚攀岩时，几乎全体家长都选择了“是”。大家不约而同填写了同样的理由：孩子们必须学会勇敢和坚强。

包容的文化塑造出的是健全的人格。在国内上二年级的皮皮插班到了三年级，面对陌生的环境、全英文教学方式以及很多从来没有接触过的知识，她的适应速度让我惊讶。除了她良好的英文底子之外，更多的还是新同学们热情帮助产生的效果。皮皮的学习伙伴教会了她除法运算、大数的识别、运球跑步等等。尽管早起很辛苦，但皮皮从来都是一叫就起，因为她知道她的两个学习伙伴会准时等在学校门口，接她上学，而她一天快乐的开始就是一手拉着印度小伙伴，一手牵着澳大利亚新朋友走进课堂。每天都有新同学愿意和她分享好书，带着她排队买饭，教她学着用钱，给垃圾分类。

新加坡的小伙伴接皮皮上学

她上学三天后，一次探望时，我惊喜地看着她小跑着帮我们买饭打水，把从不同窗口得到的碗碟按照编号放回，熟练地分装垃圾，大声向老师问好，不论得到什么都会鞠躬感谢，我为此感到十分欣慰。皮皮告诉我，这里的新同学非常友善，从来不会爆粗口，也不会动不动就使小性子，更不会这几个一帮，那几个一派，所有的同学都以被需要、能帮到别人为荣。皮皮很形象地说，在国内上学，即使是最好的朋友稍不如意也会噘着嘴巴生气，发脾气。“哼，我不理你了！你要是和我好就不许跟谁谁说话。”是国内不少孩子的口头禅，而在这里，大家就像一家人。

华人在新加坡居民中占有很大的比例，皮皮借读的这所学校华人孩子占比高达 60%，为此，学校专门在农历春节前夕举办了大型的联欢会，全校师生近两千人参加。他们知道皮皮是来自中国的小明星，所以请皮皮表演节目是理所应当的事情。我们本来准备了皮皮拿手的英文歌曲，让同行的皮皮的表哥演奏黑管，可是我们沉浸在浓郁的中国风情里时，突然意识到我们制定的节目单是多么不合时宜。

春节前夕，校园内外到处悬挂着大红灯笼，到处张贴着祝福吉祥的横幅，校门口有舞动的狮子和龙，老师们装着红色利是包，像变戏法似的变出巧克力硬币，还有喜气洋洋身穿旗袍的女老师、女学生，神清气爽的着唐装的男老师和穿功夫服的小男子汉们，连学校小卖部卖的都是中国结和中国传统年画。走在校园里，大家都会用不太标准的普通话恭喜新年。被这样的气氛所感染，我们临时决定以中国文化特色替代准备好的节目，皮皮演唱中国童谣《小螺号》，再用中英文演唱大家耳熟能详的歌曲《新年好》，皮皮的表哥现场展示中国书法，他挥毫泼墨时，身后将播放介绍中国书法的专题小片。而关于“年”的由来，关于春联的话题都让联欢活动充满中国味道，让我们这几个中国客人感到格外亲切和自豪。

我不想炫耀皮皮在舞台上表现得有多棒，因为皮皮身经百战，已经是个成熟的小演员了。让我惊喜的是，皮皮在演出前竟然用自己组织的英文台词真诚地表达了心声，那稚嫩的童声在我听来不输给大明星们在奥斯卡颁奖典礼上的获奖感言：“今天，我想用歌声表达我的感谢，我在这里上学只有一周的时间，但是老师和同学们给予了我很多关照，我非常感谢我的老师和我的同学们，尤其是我的三个好朋友：Gisele，Arshia and Halia.”当皮皮深深地九十度鞠躬时，我的泪水夺眶而出。皮皮用心的歌舞也得到了小伙伴们最热烈的回应，很多孩子和她一起高声歌唱《新年好》，把现场气氛推向了高潮。

走下舞台，皮皮没有跑向我们，而是回到她的班级去了，她的新同学们齐刷刷地竖起大拇指夸奖着：“Good job（做得好）！”发自内心的赞美让皮皮兴高采烈。后来她悄悄对我说，如果在国内，一定会有同学不屑地说：“有什么了不起！”这是不是独生子女存在的普遍问题呢？

当天晚上，皮皮用英文和中文分别写了饱含深情的日记。在英文日记中她写了离开新同学的不舍："我要离开了，我一遍一遍地看着他们，想把他们记在心里。"而在中文日记中她写道："我最想说的是感谢，感谢我的老师和好朋友，感谢我的爸爸妈妈，感谢阳光、大海，感谢蓝天、白云，感谢饭菜的香甜。"女儿学会了感恩，这恰恰是我们的教育中最缺失的部分。

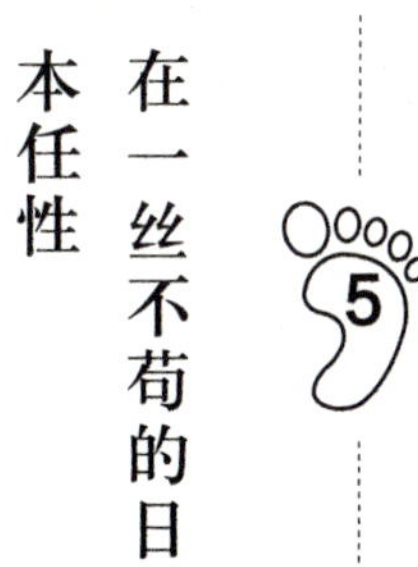

在一丝不苟的日本任性

东京电影节的邀请函实际上是发给《洋妞到我家》的小主演——女儿皮皮和导演——皮皮爸爸的，而我这个编剧妈妈却只是个跟班的监护人，从这个意义上说，是皮皮带着我东渡日本，使得我有幸参与享有很高声誉的东京电影节系列活动的。

到日本之前，对日本的印象都来自别人的转述。皮皮爸爸就跟我讲过他亲眼所见的日本学生，多年前，日本一所女子大学的学生到他们学院进行交流演出，清一色的女孩子，为了不打扰别人，深更半夜的将一大卡车的舞台装备干净利落地卸下来并安装停当，没有留下任何垃圾，甚至没有弄出什么声响，当皮皮爸爸看到那些日本女孩像变魔术似的把钉子、锤子、剪刀从随身穿戴的马甲工具袋中取出，熟练地拆装时，他形容自己简直看傻眼了。

国内的网站上有一段日本小学生吃午饭后进行垃圾分类的视频，小到一个酸奶瓶盖都被单独码放得整整齐齐，碗盘中没有残渣剩饭，连油污都被孩子们用自己使过的餐巾擦干净了。

我们经常看到关于日本如何干净，日本制造如何精致，日本人的礼貌多么周全的报道。对日本人的印象可以用“一丝不苟”来概括了。

到了日本，真的印证了这样的印象。几点化妆，几点见面会，时间表准确到每一分钟，每个环节由谁来负责清清楚楚。电影节为每个剧组提供车辆，分别编号，如果不是你的编号，即使是空驶也不可以乘坐。组委会还为女儿准备了日本最有名的儿童服装品牌赞助的衣服、鞋袜以及配饰，可谓是无微不至。

我们住的那家酒店所有的细节堪称完美。灯光是声控的，人走到哪里，哪里的灯就悄悄地亮了，浴缸到了水位会自动断水，即使你打电话忘记了也不会水漫金山。马桶盖是温暖的，儿童床的硬度对于孩子再适合不过了。卫生间和化妆间完全分开，非常方便女儿出镜前的装扮。

在日本，细节上的一丝不苟简直是无处不在。餐馆里的移动小托架，存放手包、外衣极其方便；一次性的小围嘴不仅提供给小孩，大人也有份儿，吃拉面的时候绝不会弄脏衣服。日本的地铁早晚高峰十分拥挤，日本人竟然想设计在被踩踏最多的地铁门口安装发电设备，全靠人力发电，日本人对有限资源的无限掌控能力值得称道。

在日本到处都要鞠躬行礼，几天下来腰都有些酸痛，有一次看到放学的孩子们过马路，他们分明已经过了马路，但还要回身鞠躬，大声说感谢，即便马路另一边什么人也没有。日本的同事告诉我们，因为孩子们常常在过马路时受到照顾，习惯了。

日本对女孩的要求近乎苛刻，女孩的校服都是裙装，冬天里女孩也都是光着腿的，顶多有一层薄薄的丝袜。女孩必须站有站相、坐有坐相，而且个个看上去都是淑女。相比而言，被放任惯了的皮皮小朋友总是显得十分扎眼。

有一次，一位华人慈善家因为特别喜欢我们的作品，尤其喜欢皮皮在片中自然的表演，专门坐地铁过来请我们吃饭。那是个高大上的地方，神户雪花牛肉非常昂贵，入口即化。贪玩的皮皮三口两口吃完了，就跑到窗边看风景，从数十层往下看，汽车变成了玩具，灯光编织出的灯带令人眼花缭乱，皮皮不禁快乐地叫起来。我们赶忙制止。

被拽回座位的皮皮还没老实一会儿，又被烛光中一对窃窃私语的青年男女吸引了，她大方地走到人家面前，对女孩说："你可真漂亮，我禁不住想看你呢！"人家都被她逗笑了，和她攀谈起来，皮皮倒不客气，居然坐下，聊上了。朋友赶紧提醒我说，皮皮的行为在日本是不被允许的，首先不能提前离开席位；其次，不能随意走动，大声喊叫，更不可以打扰别人。我被说红了脸，赶紧又把皮皮往回拽，又被告知绝对不能在公共场合教训孩子，否则也是不礼貌。后来和女儿交流此事，女儿却不以为然，她说："我吃饱了，怎么不可以逛逛？叔叔既然是看我的，应该是和我玩才对呀！结果是你们说起来没完，说什么我也听不懂。"我被抢白得无语。

还有一次，是电影节的闭幕庆典活动。日本前首相福田康夫也应邀而来，活动规格很高。因为我们的影片在日本上座率位列第一，所以皮皮在活动中被一次次请上舞台，即使是下了台也被抱来抱去地拍照，被问及各种问题，被疯狂的影迷们热吻，眼瞧着四周的美食却根本吃不上，又因为连日疲劳加上饥饿，皮皮开始"耍大牌"，在众人面前哭闹起来，边哭边问，为什么不让她吃饭。有影迷赶紧给她取了甜点过来，恰好这时，皮皮的服装赞助商来了，看到皮皮惊喜地要抱起来合影，皮皮哪里还肯，即便人家说，"你的衣服我们全包了"，皮皮也不领情，反而哭得越来越凶，弄得人家扫兴而去。

那一天，我也很纠结，孩子用挤出来的笑容撑到了她无法忍受的时刻，她的任性是因为快 9 点了还不能吃晚饭，要穿着收腰礼服和尖头小皮鞋在舞台上装淑女，和达官贵人及媒体“大咖”们应酬，这对于当时只有七岁的她来说的确有点难度。在她看来，吃饱饭比和日本前首相合影更重要也无可厚非呀！于是，在那个一丝不苟的国家，皮皮小朋友就那么任性着，即便是在舞台上。

那一届电影节，摇滚老青年崔健也带着自己的作品《蓝色骨头》参加影展，因此，常常和皮皮一起站台。一次，他认真地对皮皮说：“我从来没有见过一个演员在舞台上无所顾忌地咬手指甲，你是第一个。”皮皮笑了，回答得真简单：“我起倒刺了，特别疼，必须咬掉才行。”这样的回答只能让我这个妈妈直接晕掉。

美国红毯

2005 年，我曾作为随行记者与中国电影频道代表团一起到美国参加著名的艾美奖颁奖典礼。由于那次出席活动唯一的女演员飞机延误，我作为能够装点一些色彩的女性被盛情邀请走上了红毯。那一届艾美奖可谓是星光灿烂，我穿着借来的宝姿，像个小丑似的走在耳熟能详的大明星队伍里。每走过一个剧组，主持人都会兴奋地介绍他们的新作，这让我越发感觉到忐忑不安，我拿什么与那些热爱艺术的人分享？那一次，我在拉斯维加斯的许愿泉边悄悄许下心愿：有一天，我一定要带着自己的作品再来美国，真正走一回红毯。没有想到，这个愿望是女儿皮皮带着我实现的。

十年之后，我又来到美国，带着我们的电影新片《洋妞到我家》参加被写入中美外交备忘录的中美电影节，角逐金天使奖。当影片制作人以及我们一家出现在红毯上时，主持人竟突然提高了声调，向两旁的中外记者们隆重地介绍皮皮：“这是个天才儿童，她的表演清新自然，她不仅在电影中能说一口流利的英文台词，她台下的英文功夫也是了得，别看她小小年纪，但是她可以跟你们——美国的先生们、女士们——用你们的母语流利地对话，谈电影，谈人生。”

在主持人激情幽默的描述中，镜头纷纷对准女儿，闪光灯闪耀成一片。那一刹那，我的泪水夺眶而出，所有的辛苦、委屈都在这灿烂绽放的时刻释然了。红毯绵软、鲜丽，红毯上的女儿就像是一朵正在盛开的花儿，惊艳着所有的目光，她穿着蓝色小礼服裙、小皮鞋，一蹦一跳地，脸上带着调皮的笑容，向尖叫着的粉丝们飞吻、做鬼脸的样子简直萌化了人心。

那一次，我们的影片在四百多部电影中脱颖而出，获得了金天使奖。当皮皮和导演爸爸手牵着手走上舞台，当女儿皮皮接过金光闪闪的奖杯，高高举过头顶时，剧院里掌声雷动。女儿踏着红毯从舞台上飞跑下来，在众目睽睽下跑到我的身边，那一刻的喜悦真的无法言表。

皮皮举起第十届中美电影节

金天使奖的奖杯

无论是参加论坛还是参加酒会，皮皮都显得兴致勃勃。听不懂的话题，她就不停地向我问问题。在派拉蒙之夜社交派对上，她手舞足蹈地和两位绅士玩起了藏手指的游戏，把两个大男人逗得哈哈大笑，后来才知道，那就是大名鼎鼎的皮特兄弟。

那一次，红毯铺得好长好长。皮皮不仅入住了电影节组委会指定的特色酒店，还在制片人的安排下体验了最奢华的美国山庄。白手套，礼宾车，宽大的客厅，温暖的壁炉，开满各色花朵的后花园……犹如画中、梦中。

而迪士尼的狂欢和环球影城的震撼对于皮皮来说更是终生难忘。参观环球影城就像是走到了电影银幕的背后。所有的神奇扑面而来：水能自然地分开，在经过的瞬间，可能有美人鱼或是鲨鱼出没；山洪随时会爆发，从天而降，却在接近人的那一刻戛然而止。突然起火的时候，我们惊恐地看着那些油桶被点燃，头顶的楼板马上会掉下来，我们被烈火烤得开始恐惧的时候，一切会在刹那间消逝，恢复所有的平静……

蜘蛛侠、木乃伊、外星人在幽暗的洞穴中会突然出没，坐进带着安全带的小仓门的一刻我们还明白，这是好莱坞的梦工厂。可是当我们上天入地，追逐着盗匪的车，即将和大楼相撞，被吞入“鲸鱼”巨大的口中，在它的肠胃间上下摇摆的时候，真的忘记了这是游戏，我和皮皮一起尖叫着，紧紧把握着根本把握不了的方向。

灯光大亮，豁然开朗的那一刻，皮皮对我说：“这真是太神奇了，这真的是人创造的仙境吗？”我告诉女儿，钱财虽然是打造这些神奇的地基，但是这一切都来自设计，来自人的智慧。

美国之旅，皮皮走进了红毯铺就的电影世界。她敲着破铜烂铁，对着麦克风嚎叫，为画面配上音响和动效。看着自己精心制作的恐怖片，她笑得前仰后合。没有什么比这种体验更为直观的教化了。舞台、灯光、鲜花、红毯，为了绽放的那一刻，努力吧，奇幻的世界就在远处，它已经真实地存在于女儿的心中。我相信，女儿已被注入了神奇的力量，她因此会更加热爱读书，热爱思考，热爱创造。

与大明星同台

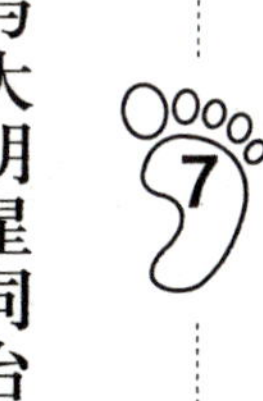

皮皮并不知道明星到底有多闪亮，与大明星同台意味着什么。在她的眼睛里，徐帆妈妈是朵朵姐姐的妈妈，是她和蔼可亲的假妈妈，是那个让她躲开真妈妈，去和朵朵姐姐一起吃冰激凌，一起疯玩的可爱妈妈，是比真妈妈讲道理的妈妈。

在《洋妞到我家》里，皮皮有九成的戏份，因为整部作品是为她量身打造的，所以众多明星的加盟可谓是众星捧月。很多甘当配角的一线演员为了这部以家庭教育为视点的影片纷纷公益出演，让这部电影洋溢着浓浓的温情。作为主演的徐帆、陈建斌更是为影片付出了辛勤的汗水。

开机之前，徐帆就把皮皮接到了自己家里，一是为了和皮皮沟通情感，建立母女情分；二是让她自己的女儿朵朵能理解为什么要给别的小朋友当妈妈，这也是对女儿脆弱情感的保护。徐帆老师的做法可谓是面面俱到。在徐帆妈妈那里，皮皮可以为所欲为。弄脏衣服，洗，没有什么大不了的，孩子就该有孩子的天性。冰激凌为什么不能吃？孩子的胃口都是我们给惯出来的，如果照看得过于精心就更没有适应能力了。在徐帆妈妈那里，课外班不是最重要的，游泳、滑冰等体能训练才是重要的，徐帆妈妈要求朵朵必须学会游泳，把游泳看成生存技能。这个理念也成了皮皮学习游泳的动力。

拍戏的时候，徐帆妈妈更是对皮皮呵护有加。自己的房车上时不时会有皮皮来找她撒娇，好吃的好喝的，她都要和皮皮分享。每天固定的时间里她会喂给皮皮一把蓝莓干。只要她甜甜地叫一声“喂小鸟了”，皮皮就像小燕子一样飞过来。在剧组，淘气的皮皮最听徐帆妈妈的话。

记得剧中有一场戏是皮皮走丢了，又凭着洋姐姐平日里的调教躲避了危险，找到警察叔叔帮忙回到了家。这是一场情感浓烈的戏，孩子失而复得，妈妈再也不愿意放开女儿的手，皮皮被徐帆妈妈抱得紧紧的，几乎是从嘶哑的嗓子里挤出的声音，那声“妈妈”把我和徐帆都叫哭了。

和台词都不肯背的演员大相径庭，皮皮眼中的徐帆妈妈简直是敬业精神的代言人。无论是化妆时还是等待布光时，徐帆都在背台词，有她觉得不妥的还要找我辩一辩。皮皮看着这样的榜样，自己也格外用功。炎热的夏天，为了同期录音效果，是不让开空调的。五岁的皮皮和大人一样忍受着酷暑，只要一喊开机，她就立刻兴奋起来。

有一次，收工的车子已经接近驻地了，皮皮忍不住吐了出来，我实在不好意思弄脏人家的车子，便抱怨了孩子一句：“马上就下车了，怎么就不能忍一下？”皮皮委屈地说：“妈妈，我从开机就很难受，可是，工作的时候我一直忍着，我怕耽误工作。”她用了“工作”这个词，让我觉得一下子好内疚。每天收工时，皮皮都会大声问：“今天谁最敬业？”大家异口同声地说：“皮皮最敬业！”皮皮就满足极了。

陈建斌常常对皮皮的导演爸爸“发火”：“你怎么能这么使唤小孩

子呀？你得像对待大腕那样对皮皮才行！等光调试好了，再抱她来。”皮皮却对苦和累不以为意。她和建斌爸爸的对手戏里有一场大夜戏，因为地铁停运了才允许拍摄。皮皮又困又累，晚餐全吐了，但一直撑着，吐完了补妆又来了。只要听到开机的口令，她立即兴奋起来，建斌爸爸都为她竖起了大拇指。

在记者们面前，皮皮戏里的爸爸妈妈都喜欢夸奖她。陈建斌说：“这个孩子是个演戏的料，特别认真，有一次走戏，竟然嘱咐我说，要拿好那个黑包包，千万别忘了，要接戏的！我呢，赶紧拿上道具，对皮皮说，皮皮小朋友，我还是拍过几部戏的。”陈建斌的话把记者们逗得哈哈大笑。徐帆妈妈跟皮皮更是亲得不行，宣传活动上，一直把她抱在腿上，全然不怕皮皮弄皱了自己的服装，弄脏了自己的妆容。她说，这个孩子最可人的地方就是自然和清纯，没有那些所谓的小明星的毛病。

皮皮是无知者无畏。有一次，她突然发现我家的醋瓶上印着徐帆的图像，赶紧给徐帆打电话，她在电话里惊讶地说：“徐帆妈妈，你太有名了，都上醋了！”我想，电话那一端，徐帆老师一定也被她逗乐了。

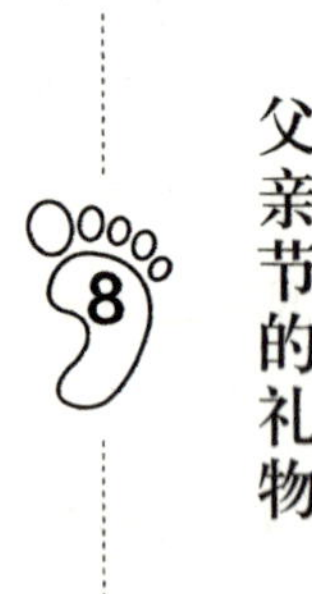

父亲节的礼物

中国人纷纷开始过母亲节了，但是对父亲节还比较陌生。然而，在西方社会里，父亲节和母亲节同等重要。不同于商家热火朝天的促销，伦敦姐姐 KIKI 让我家的第一个父亲节充满了温情和浪漫，也让我们再次证明了女儿皮皮无限的创造力和天才的表现力。

这个父亲节真的很独特。晚饭后，皮皮就邀请我和她爸爸坐到沙发上，告诉我们演出就要开始了。她首先向我们介绍了特约演员 KIKI 和 KIKI 的男友——来自伦敦的奥。接着，她双手捧着一个大鞋盒向我们鞠躬。当她打开神奇鞋盒的那一刻，我和她爸爸都惊喜地叫出声来。多么富有想象力的创意呀！鞋盒盖子的内面被皮皮装饰成了魔法森林，有花有草有大树，有山有水有飞鸟。当然也有人，从各种商标上剪下来的迪士尼动画里的人物们悉数登场：白雪公主、灰姑娘、小美人鱼、贝儿、米奇、米妮、女巫……她们靠一根根小棍支撑着，在鞋盒内特制的舞台轨道上向我们致意。而在背后，皮皮的小手和姐姐、哥哥的手都不可能闲着。他们半蹲在地上，用幕帘尽量挡住自己。这是木偶还是皮影？我终于知道了连续几个晚上女儿和 KIKI 他们躲在房间里究竟在干什么了！

剧情都是皮皮自己编的，是迪士尼动画的乱炖，但大都与父亲有关。灰姑娘仙度瑞拉说："亲爱的爸爸，虽然你娶了一个刁钻的后妈，还带着两个刻薄自私的姐姐，但是只要你高兴，我愿意为你做任何事情。"白雪公主说："爸爸，你怎么才能知道，你的王后有多么恶毒，她是个嫉妒一切美丽的恶魔？你怎么把我教育成了现在的样子，什么都相信，一个红苹果就能把我骗到？"贝儿说："爸爸，野兽很可怕，但是为了您，我愿意去陪伴它。"这是个感人的开场。

皮皮找到的这几个公主都没有妈妈，有的只有恶毒的后妈。接下来的剧情都是关于父亲节礼物的，究竟送什么礼物给父亲，几个公主进行了热烈的讨论。而作为裁判员的女巫给了大家一个好的建议，那就是搭一个舞台，给父亲演节目，这不需要钱，只需要一颗爱父亲的心。在 KIKI 和奥的配合下，皮皮一个人用不同的声音塑造了各种角色，流利的英文表达，富有激情的表演，让我和她爸爸为之倾倒。演到关键时刻，看到我和她爸爸都笑得前仰后合时，皮皮却用播音的感觉提示我们：中场休息二十分钟。原来，她还没有编好下面的剧情，必须"休息一下"。

父亲节的那个晚上，皮皮又唱又跳，像一只快乐的小鸟。在舞蹈团学的是傣族舞，但当时家里只有维吾尔族的演出服，于是，美丽的"维吾尔族"小姑娘跳起了傣族舞。芭蕾、英文歌、脱口秀、戏剧片段，她更换服装时就给我们放音乐。皮皮爸爸简直是热泪盈眶了。

每年 6 月的第三个星期日是父亲节。和母亲节一样，父亲节也起源于美国。1909 年，一位名叫多伍德的女性在美国首都华盛顿传播母亲节，在此期间她想到了父亲，在她很小的时候，母亲离世，父亲不得不艰难地担负起抚养孩子的重担。过去的情景一幕幕在她的脑海里闪现。于是，多伍德向人们呼吁创办“父亲节”，得到了积极的响应。1910 年 6 月，美国庆祝了第一个父亲节。当时凡是父亲还健在的人，胸前都佩戴一朵红玫瑰，以表达对父亲的敬意，而父亲离世的人们，则佩戴一朵白玫瑰表示对父亲的思念。这个习俗一直沿袭至今。

一个普通的鞋盒子，商标上剪下的动画人物，一场充满爱和想象的演出，这是金钱买不到的幸福。我们习惯于节日时的狂欢，美酒美食，探亲访友，交际应酬，多么缺乏这样的爱心表达呀！KIKI 说，在英国，父亲节时，父亲们都会收到礼物，来自年幼子女的礼物通常是手工制作的，孩子们会在暗地里较劲，看谁做得最好。父亲节也是向父亲表白情感的时候，一家人在晚饭后，分享礼物，分享爱意的表达，其乐融融。当然，父亲节的礼物也可以是孩子们为父亲做的一顿饭菜，哪怕是亲手制作的水果拼盘。

随着市场经济的发展，中国人什么节都过了，连别人的“万圣节”都会搞得面具和南瓜脱销，节日被各种商品广告绑架着，人们忙于应酬，忙于追赶潮流，却忽视了我们为什么要过节，忽视了节日的真正内涵。

在电影中神游

女儿皮皮总是抱怨我不陪她玩。一是没有时间，二是因为我们这般年纪的人都是被书本泡大的，几乎不会玩了。尤其是皮皮热衷的那些西方“游戏”，赢房子赢地，还有那些纸牌密码，在我看来都是一片乱码。但是，陪女儿看电影却是一种享受，当投影让银幕在自家的墙上制造出梦境时，皮皮时而紧张地抓着我的手，时而放声大笑，时而默默流泪，那简直就是一场场奇幻之旅。

《美人鱼》是周星驰导演的一部环保题材喜剧，女儿看了这部作品后接受了中央电视台的采访。说实话，她当时的谈吐简直把我惊到了，她像个小大人似的说：“我看完了这部电影才懂得，如果地球上没有一滴干净的水，连生存在世界上都不可能，要钱干吗呢？我现在太小了，做不了什么大事，但是我觉得至少可以从垃圾分类这种小事开始着手，不乱扔垃圾，不浪费资源。”

女儿很主流的意识应该是在学校教育中点滴的积累吧。她的表达太像大人教出来的，但是，我们预先还真没有给她演练过。主持人和摄像师也被她逗得笑起来。皮皮对着镜头一点也不怵，意犹未尽地跟人家又侃起影片的特技。她认真地评价说：“这部作品真的制造了仙境，我虽然知道它是电脑做出来的，但我还是相信它，因为太像了。”有趣的是，她还顺带给自己的学校做了个大广告：“你们知道吗，我们学校就有微电影课，也有特技制作，我们高年级的哥哥姐姐们在舞台上走来走去，做到电脑里竟然是游来游去，太神奇了。”

看《公主日记》就更加有趣了。皮皮为了自己能当上公主，竟然建立了一个虚拟王国，她的王国里住的都是仙子。她在地图上圈出一块土地，然后标注了她王国的名字“彩虹之国”，首都命名为“昼夜”。她手绘的国旗有些复杂，有太阳、云朵、星星，还有一支准备发射的丘比特之箭。皮皮公主还为自己的国家设立了法规。比如三岁以下儿童是不可以使用魔法的；不能强迫任何人做任何事；不能随便和人交往；必须所有的时间都保持快乐；所有的事情都得自己完成，不准雇用其他人帮忙；等等。总共有十一条法律。皮皮还自己设计了公主的服装，为自己的王国谱写了国歌。我当然懂得每个女孩心里都住着一位公主。可是，这世界上哪有那么多公主？我以一个功利的现实的成人心态看待这些时觉得这是多么幼稚可笑。然而，在女儿日记的字里行间，能够感受到这就是她童心里的美好憧憬。在她的国度里不许不快乐，那是一个阳光灿烂的国度，星光和太阳可以一起闪烁。

尽管这很残忍，但我还是告诉女儿，你的公主梦只能是梦，你的爸爸和妈妈都是普通人。没有想到的是，皮皮竟坦然接受，点头说：“对，我可能做不成公主了。但是，我有可能成为王妃。”我禁不住笑起来，成为王妃要遇到王子才行呀。重要的是王子进的都是精英名校，你得足够努力，足够优秀才可能成为他们的同窗。皮皮却不屑地说：“凯特王妃就是在糖果店里遇到王子的。”我几乎笑出眼泪，也真的想对那些八卦媒体表示“敬意”，他们的故事把孩子都糊弄了。好吧，那我们一起来回忆一下王子和公主的故事吧。灰姑娘是穿上了被施了魔法的美丽衣裙和水晶鞋，进入了那个金碧辉煌的舞会才得到王子的青睐的。如果她是厨房里的灰姑娘，王子会看她一眼吗？糖果店里的相遇不只是一个巧合，凯特王妃和威廉王子从中学寄宿时就相识了。如果翻开凯特王妃的履历就知道她有多么优秀。凯特王妃上的是英国名校，是学校曲棍球队队长，是学校的特优生，并且充当过威廉王子的精神导师。

我陪伴女儿看了很多部公主电影。我们总结出：没有一位公主是等闲之辈，当公主不仅要有美丽的容貌、善良的心灵，要举止优雅，还要勇敢、坚强、乐观。比如，在坏王后的追杀下，白雪公主坚强地活了下来，还成为小矮人们的朋友。再比如，灰姑娘的家被后妈侵占了，她仍然乐观地坚持下来，她甚至愿意照顾比自己更加弱小的动物们，她在艰难的日子里都能歌唱。

皮皮和我快乐地在电影中神游做梦，在现实中努力奋斗。难得的是她把对每一部电影的感受都用她喜欢的方式记下来。现在，我对于她虚拟一个王国，白日做梦的举动不但不会觉得可笑，甚至喜欢她给我的角色。我的王冠是她亲手做的，我当然是她王国里的王后。

夏威夷闯关

去夏威夷的旅行因为我们工作忙而拖到了暑假末。漫长的等待使女儿皮皮对这次行程更加期盼。她在网上查找了有关夏威夷的很多资料，蓝天、大海、落日、金色的沙滩，当然还有各式美味……这一切早已幻化成一张张美丽的明信片，储藏在她的脑海中。

经过了十余个小时的长途飞行，尽管很累，但是女儿仍然热情饱满，喋喋不休，弄得我不时示意她闭嘴。然而，在通关遇到麻烦的时候，这个小话痨真派上了大用场。谁也没有注意到女儿的护照已经在警告期限内，按照规定必须在有效时间到达前六个月更换新的护照。海关工作人员语速很快地提出了质疑，然后不客气地请我们让出关口去一旁等候。说实话，那一大嘟噜美式英语我几乎没听懂，一下子蒙了。海关不允许使用手机，翻译软件用不上，同行的朋友想必已经出关了，正在门口焦急地等候。

此时，女儿皮皮真是唯一的救命稻草。皮皮肯定地告诉我，海关人员说的是她的护照过期了。我们面临着两种选择，一是坐后天的直航飞回去，还有就是支付五百八十美金罚款。那一刻，我真是又急又气：为什么在办理签证时没有任何提示？旅行社也不具备这方面的经验吗？那一刻，我不再是平时的虎妈，而像一个可怜的孩子。我的焦虑，尤其是还在病中疲惫无助的样子让女儿格外担心。

女儿皮皮比我想象的还要厉害。也许是真急了，在接待室内，她踮着脚，扒着柜台向海关人员求情："请不要让我就这么回去，我好想看看夏威夷的美丽，你们无法想象，这个假期我有多么期待，我妈妈为这次旅行打了多少电话，因为妈妈要计算我们的花费，要知道，我可不是有钱人。"海关工作人员被她逗乐了，也被她完美的英式发音电到了。那个肤色黝黑的大汉温柔地问她："可爱的女孩，你的英文为什么这么棒呀？你是在英国长大的？"

皮皮可算是得到了说话的机会，从她四岁半开始讲起自己的人生。她是如何知道有一种语言叫作英语的，她怎么意外地得到了互惠生，她和十几个国家和地区的姐姐是怎么相处的。当然得显摆一下她是个小明星，她在美国走过红毯，得过两个美国奖项，上过美国的电视新闻，在英国和法国都拿过个人奖。然后介绍我们的电影，介绍她自己。我们家的小话痨真能侃，围观的海关人员越多她越来劲。最后，人家不但没有罚我们，还把我们一直送到海关大门外，一个工作人员说，在这儿才可以和小明星合影。

女儿与人沟通的能力一部分是天生的，另一部分得益于我们给她创造的良好的生长环境。这在我看来真的比功课好坏更重要，这也让我纠结是不是一定让她做个"乖"孩子。皮皮真的不"乖"，她喜欢思辨，和我顶嘴，我说一句，她有十句等在那儿，我常常说不过她。当然，有时也会被她的不听话气到"吐血"。有主见的孩子大多很固执。

在夏威夷，除了感受蓝天白云，在大海里游玩，皮皮还交到了自己的朋友——一个来自华盛顿的小姑娘。她们相约着在海边戏耍，太阳落山也不愿分开。她和酒店大堂的售楼小姐们也打成了一片，没事还打听打听夏威夷的房价，翻翻人家的楼盘介绍。最有趣的是，美国大选氛围浓厚，连饼干店里都有赞助活动，为了品尝美味，皮皮决定支持特朗普。那天睡觉前，她问我，希拉里会不会因为是女人而优先呢？政治离女儿还太远，她对英国“脱欧”的概念还停留在以后买东西会便宜的层面，因为英国姐姐每天忧虑着自己本来不多的存款是否能保值，这些都在无意中影响着皮皮。我不确定她将来会对外交和政治感兴趣，但是，我确信，她的目光已经开始关注到了远方的世界，她的视野越来越开阔。

从夏威夷回来的飞机上，空姐们也被皮皮侃晕了，纷纷夸赞皮皮的英语发音，还拿出不少礼物给皮皮。皮皮小小怀抱里满满的，幸福和自信也满满的。

牙齿仙子该不该来

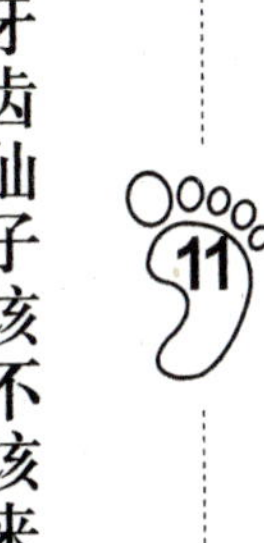

皮皮五岁多的时候，掉了第一颗牙，当时住在我家的德国姐姐告诉她，把这颗牙放进一个漂亮的盒子里，夜深人静的时候牙齿仙子就会把它取走，并带来礼物。但是，牙齿仙子最怕大人，所以，这是个需要保守的秘密，千万不要让大人知道。为此，我一直不知道这个关于牙齿仙子的故事，也不知道在我家的小姐姐们，接力着在帮皮皮圆这个美丽而神奇的梦。孩子真的信了，她坚信，在深夜人们都熟睡的时候，有一个长着金色翅膀的仙子，她很小很小，甚至比一根拇指大不了多少，她会悄悄地拿走那颗牙齿，把它穿成项链，然后留下你最期待的礼物。

直到皮皮八岁的一天，我发现我的首饰盒被拿走了，里面放了一颗牙齿，在我的追问下，皮皮告诉我说，要借用一下我的首饰盒，用来装她刚刚掉下来的牙齿，她要跟牙齿仙子交换礼物。牙齿仙子在哪儿呢？起初，我觉得好笑极了，可皮皮却是认真的，极力向我描述着牙齿仙子是什么样子，有多么轻盈，大人绝对看不到牙齿仙子，她甚至气冲冲地打开了抽屉，拿出“牙齿仙子”的信和礼物给我看。那些信都是用英文书写的，上面都画着一个手拿魔杖的小仙子。我注意到每封信都提醒皮皮要自己睡，说是只有这样牙齿仙子才能从她的枕边取走那颗牙齿，如果有大人牙齿仙子就不来了。这一点皮皮显然做不到，所以，提到这个问题时，皮皮有点脸红。我也终于明白了皮皮坚持把装牙齿的盒子放在客厅里的原因。她宁愿看不到牙齿仙子，也不能离开妈妈的怀抱。

看到这样的信件，看到那些虽然不值钱，但包装精美的小礼物，我的心真的好暖好暖，我能感受到，皮皮的外国小姐姐们的良苦用心，她们希望用这样的方式让皮皮早点学会独立，她们用自己的梦想给皮皮营造了一个美丽的童话世界。她们一个个走了，又一个个来，却都守护着这个童话般的谎言。看到皮皮笃信的样子，我禁不住弯下腰对皮皮说：“好吧，那让我们一起看看牙齿仙子究竟会不会来。”皮皮坚定地说：“你等着瞧，她一定会来的，但是你得发誓，你不能惊扰到她，因为牙齿仙子怕大人。”

孩子已经入睡了，我和皮皮爸爸开始热烈地讨论，牙齿仙子今晚究竟该不该来。我们心有余悸地回忆着在报纸上看到过的新闻，一个警察扮演的骗子轻而易举把幼儿园一个班的孩子都骗了出来。再看看寻亲网上那些被打断腿、挖掉眼，甚至被割掉一个肾脏的乞讨儿童，我们真是吓得出了一身冷汗。皮皮毕竟八岁了，每天还举着芭比娃娃做梦是不是太幼稚了？她如白雪公主一样纯净透明固然可贵，但哪天来个女巫给她个毒苹果吃可怎么办？生活从来都不是童话，相信童话也是一件很危险的事情。但是，真如我们这些忙忙碌碌的大人一样，被物质驱使，被利益绑架，诚惶诚恐地活着，不敢轻信任何人和任何事，不也是一种悲哀吗？因为相信美丽而充满期待的感觉我们永远不可能拥有了。

那个晚上我们还想起了皮皮三岁时的一次圣诞节，为了给孩子一个大大的惊喜，我和皮皮爸爸，又是包礼物，又是装饰圣诞树，折腾了大半夜。清晨的时候，皮皮爸爸抱着摄像机，趴在客厅里的一个角落里，怀着十分期待的心情等着从楼上下来的孩子的那声惊喜的尖叫。结果却令我们大失所望。皮皮懒洋洋地、晃晃悠悠地从楼上下来了，看到圣诞树，没有我们想象中的激动，树上挂着的那些五颜六色的礼物似乎也没有打动她。她直接走到餐桌前，拿起吃的自顾自地吃了起来。那时，我和皮皮爸爸在失望中得出了结论：孩子的玩具太多了，礼物太多了，以至于任何东西都唤不起她的兴趣了。

我们扮演的圣诞老人彻底失败了，从那以后我们减少了女儿的礼物，她特别想要的东西都是通过努力才能够得到，来之不易才能学会珍惜。今天，我们又要扮演一次牙齿仙子吗？要不要把已经八岁的女儿从童话的梦境里唤醒呢？我们也纠结了好一阵子。最后，我们还是决定让这个童话继续下去。在我家借住着的英国小姐姐帮皮皮写了牙齿仙子的信，警告她说如果还不自己睡觉，下次不会再收她的牙齿了，另外，她的牙齿还有不干净的地方，要认真刷牙。我们则冒着冬天夜晚的严寒去为牙齿仙子准备礼物。买什么呢？我们都知道，最近女儿超级迷恋一只小猴子玩偶，一个巴掌大的小玩物，却要卖出一百多元人民币的价格，英国小姐姐为了安慰她，从小商品市场买了一个盗版的，结果一直掉毛毛，被皮皮丢在一旁，我们平日里也绝对不会花一百多元买一只猴子玩具的。但是，这一次，我和皮皮爸爸不约而同地想到了那件猴子玩具，因为那是皮皮这段时间以来最最期待的礼物。既然是童话，那就让它尽量完美吧！

第二天，皮皮带着一副得意的且意料之中的喜悦亲吻着那只小毛猴，她悄悄告诉小猴子，她今天刷牙刷得很干净，嘴巴里都是香香的味道。

小象去哪里了

听到了这样一条新闻：一个外国孩子丢失了自己心爱的玩偶小象，非常伤心。她的爸爸妈妈安慰她说，小象去旅行了，去看世界了。为了让孩子相信，爸爸妈妈就给小象图片PS，小象一会儿在埃菲尔铁塔下当面点师傅，一会儿在自由女神高举的手中卖萌。网友们纷纷加入了“给小象图片PS”的行列，于是，小象去的地方就更多了，一会儿上天，一会儿入地。孩子从幼儿园放学回家第一件事就是问：小象今天去哪里了？当妈妈把小象在宇宙的照片拿给孩子看的时候，除了慰藉，神秘的宇宙知识也在其中了，这真是一个充满正能量、充满爱心的故事。

大多数家长都经历过孩子的恋物期，一个毛绒玩具、一床小被子、一个枕头，走到哪里就要带到哪里，还不让洗。你只能看着孩子抱着脏兮兮的“恋物”而无所适从。如果哪天这件“恋物”丢了，那麻烦可就大了去了。孩子睡不着吃不下，甚至会生病。咨询过医生，这是一种情感寄托，说明孩子有强烈的不安全感。

看到小象的故事，不仅要为聪明的父母“点赞”，也禁不住问自己：如果是皮皮丢了心爱的玩具，不吃不睡，连哭带闹，我会怎么办？我一定会怒吼着警告她："自己弄丢了自己负责，再哭闹就该挨打了！"如果心情好些，会考虑再买一个给她，但真的不会站在孩子的立场上去想，那个玩具的气味、手感，哪怕是残破的部分、弹不掉的灰尘都会让她感到安全、舒适，新的绝不是她的"那一个"。

做父母的大都不会有耐心跟着孩子的思维去编故事，甚至不愿意让孩子在残酷的现实世界中相信童话。做父母的也不会有时间去换位思考一下，当我们对着五以内加减法都算不出的孩子冒火时，是不是该回忆一下我们自己在同样的年龄有没有一样的烦恼呢？

"小象旅行去了，是因为它不喜欢家里的束缚，它是属于大自然的。"这样的解释也立即让孩子释然了。我们继续编这个故事会发生什么呢？小象如果每天都寄回一封信，那一定是孩子最想看懂的内容，小象要是到了美国、英国就说英语了，那个时候不光是 PS 图片，还可以配音，想让孩子学习英语，这是不是个好的契机呢？也许小象还在路上当过英雄，拯救过别的动物，对孩子人格人品的建树也是平日里的说教所不能给予的。当然，环保知识、地理常识甚至性格养成都可以在小象的旅行奇遇中实现。

如我所料，女儿皮皮听到这个故事也很激动，立即加入了带小象旅行的行列。在她的描述中，小象去了"仙子岛"，那里到处都是长翅膀的仙子，小象也变成了小飞象。皮皮还说，小象一定要来一趟中国，她要带小象去故宫、长城，去吃北京烤鸭。于是，这两天，皮皮的日记里都是小象的旅行足迹。她把自己假想成了一个最棒的志愿者，她是小象的朋友和导游。她甚至央求我的年轻同事来教她 PS 图片，她一定要让那个可怜却幸运的小孩看到小象在中国开心的样子。皮皮要主动学习计算机了，对于计算机盲的我来说，这真是个极大的安慰。

故事到了现在，小象去哪里都不重要了，重要的是小象不但在孩子心中，也在成人们的心中存活下来了，它带着梦想、爱和自由的旅行，无所不在，无所不能。小象也让我和孩子找到了生活的另一种答案。

魔法棒

从听觉到视觉、触觉再到味觉，仔细观察就会发现，所有的感觉都需要一个过程，时间或多或少，但一样都不能少。皮皮至今都喜欢抠东西，任何东西都让她产生触动的欲望，手机壳、丝绸被面、书本、桌面等被她抠得七零八落，家里就像是养了一只练爪的猫。我带着诸多困惑咨询医生，被告知是孩子的触觉没有得到满足造成的，这是剖宫产孩子容易产生的问题。遵照医生的嘱托，我只得在没有重大损失的前提下让她尽可能地抠。

对于感觉的认知，皮皮好像需求更多。她从小就喜欢神游，常常举着一堆玩具，或者对着镜子里自己的影子自说自话。有时，居然能把一部动画电影的内容全部演绎下来。她可以一会儿是公主，一会儿是坏王后，一会儿是魔镜，在自己的想象里徜徉，能够进入完全忘我的状态。有一次，她被我窥见，对着一瓶矿泉水运气，眼睛一眨不眨地盯着矿泉水瓶，身体保持一个姿态，我和她爸爸真的担心她是不是“走火入魔”了。她脑子里有“绿山墙安妮”的古怪想法，有“玛蒂尔达”的疯狂念头，她甚至觉得自己能像“哈利·波特”那样靠咒语解决难题。总之，她觉得自己是有魔法的孩子，而魔法棒是她最喜欢的玩具，在她看来那根本不是玩具，而是工具，是她神游借助的工具。

老师有时会打电话给我，说孩子又走神了，上课时眼睛望着窗外发呆，肯定没有听进去老师讲了什么。我对老师说，也许她正在她的仙境里和长翅膀的仙子对话呢。皮皮的梦幻世界是神奇的，她在梦幻世界中的表达也是清晰而有趣的，她像极了我小时候。我上中学时，眼睛近视得几乎是半个盲人。为了照顾我，老师把我安排在了第一排。老师有两副眼镜，一副是花镜，一副是近视镜，上课时，我从老师放在讲台上的花镜看过去：黄色的黑板框就像是一片金色的海滩，斑驳的蓝色墙围在太阳从窗外照射进来又折射出的光环中，仿佛泛着粼粼波光的海水。在我的想象中，我就在蓝色的大海边聆听大自然演奏的美妙音乐，在柔软的沙滩上快乐奔跑。我后来干脆逃学在家，把我的梦想和残酷现实之间的落差变成了电影剧本，我的神游成就了我的第一部电影作品《眼镜里的海》。

一个高一学生，从来没有学过编剧却充满了画面感，这让文学编辑和导演都觉得很神奇。一部电影改变了我的一生，我被冠以“少女作家”的名号，得以被保送进了中国人民大学……我知道我的道路不可能复制，但是，我不想简单粗暴地把孩子的梦打碎。在皮皮的年龄，梦是透明的、纯净的、清澈的，我甚至相信她能够看到我们大人看不到的东西。说起来显得有点八卦，但七八个大肚子阿姨让皮皮看肚子里究竟是男是女时，她竟然一个也没看错，结果一堆人排队请她吃饭，管她叫“人肉 B 超”。

皮皮的老师特别开明，她从不会让孩子觉得难堪，她一边保护着童心的想象，一边想方设法让皮皮注意力集中。皮皮在神游最疯狂的阶段被调到了第一排。老师鼓励的眼神和亲切的笑容，尤其是老师生动的授课总能把她吸引回去。皮皮的功课门门优秀。

如今，魔法棒不仅是皮皮的玩具，也是我的道具。皮皮赖在床上不起来，我就挥动魔法棒向她施展魔法，我家的魔法咒语也是由特别难记的单词组合而成的，一旦被记牢就要改变。我对女儿说，这是保护咒语的好方法。小孩子当然信，也乐于做这样的游戏，只要我们做大人的陪孩子认真玩。

我们很难想象孩子的世界是怎样的。绿野仙踪、爱丽丝的梦境、冰雪奇缘、迪士尼公主的传说、阿里巴巴和四十大盗的智斗、火星救援、地球危机……每个孩子都需要奇思妙想的童年，这在我看来是孩子成长中不可或缺的一部分。

第三章
爱要多少度

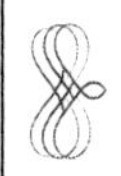

想把世界都给你，但你却只想要自己的天地，想所有都为你选好，但父母的选择也许本身就包含着无力。父母之爱孩子，必殚精竭虑，为之计长远。像很多父母一样，作者也曾事无巨细为孩子操办好，曾为她剔除生活中的所有困难，曾不忍心孩子一个人睡觉……但这就是孩子眼中最好的爱吗？

无法称量的爱

从女儿皮皮两岁起，我就开始给她榨橙汁，每天两个橙子，榨汁机都用坏了两个。看着皮皮的脸色越来越红润，皮肤越来越白皙，还很少生病，每天剥果皮、榨果汁、清洗器皿，再麻烦我也乐此不疲。皮皮渐渐长大了，但喝鲜榨橙汁这个习惯我们依然坚持了下来。有一天，我给皮皮出了一道“算术题”：每天两个橙子乘以六年，等于多少个橙子，等于妈妈的多少爱？八岁的女儿当然算不出来，我就带着她一起算。皮皮睁大眼睛惊讶地说：“妈妈，那不是比水果店的橙子还多吗？”我对皮皮说：“你知道妈妈在这果汁里还放了多少爱和祝福吗？每天妈妈在给你榨橙汁的时候都会想，你又补充了多少维生素和水，便便会不会排得好一些，你同桌感冒了你能不能扛过去。两个橙子不仅仅是两个橙子，它有妈妈对你的无法称量的爱。”每每这时，皮皮总是眨着大眼睛，一副似懂非懂的样子。

女儿在我们的精心培育下，茁壮成长，但是长势过于喜人了。有一次，舞蹈老师把皮皮爸爸留下来认真地说：“这个孩子舞蹈感觉非常好，也十分喜欢跳舞，但是这样胖下去，估计连演出的服装都穿不进去了。”我们也发现皮皮越来越胖，胖到瓜子脸也不见了，这对于一个女孩，尤其是一个小童星来说的确有点问题。仔细想想，和同龄孩子比，皮皮吃得并不多呀，那是什么导致孩子体重增加呢？我们把孩子吃的东西拿出来给大家看，被告知海参我们尽管吃得不多，但也是发物，孩子根本不能吃，蜂蜜含有激素，哪怕是进口的，也只能偶尔吃一点，那最可疑的就是坚持不懈的鲜榨橙汁了。有经验的人告诉我，我天天榨汁损失掉了橙子的纤维部分，孩子的胃口会变得十分娇嫩，失去了纤维素的帮助，消化困难，排泄不畅是常见的毛病，这跟从不吃粗粮是一个道理。

于是，橙子不再鲜榨了，只是切成小块块，与此同时也加大了其他水果的供给量，用苹果块、猕猴桃块等更换着给她吃。问题又来了。有一次，我很忙，只把苹果切成了两半，将其中的一半递给皮皮，结果皮皮拿着那半个苹果左看右看，居然指着苹果的根蒂部分问我，这个苹果是不是坏了，怎么出现了毛茸茸、黑乎乎的小头头呢？我哭笑不得，哪个苹果没有根蒂？它们曾经连着枝叶呀。皮皮又指着苹果核对我说，原来苹果有核呀！这回我真快哭了，孩子长这么大竟然不知道苹果长什么样！

于是我在家人和朋友们的一顿“狂轰滥炸”中开始反省。我从来都没有让孩子吃过一个完整的苹果，她当然不知道苹果长什么样。我从来都没有让她好好练习一下咀嚼功能，又怎么指望她牙口好，胃口好呢？还记得她小时候，有一次带她去翻斗乐游乐场，别的孩子都兴高采烈地爬高下低，只有她小心翼翼地边爬行边“检查”卫生，告诉我这里有一根头发，那里有没擦干净的灰尘。最夸张的是她跟在一个男孩的身后用鼻子闻人家的袜子，然后下结论说，这个孩子好脏，袜子好臭，白袜子都变成黑袜子了。我们赶紧纠正她的注意力，告诉她应该关注游戏，享受游戏的过程，但是，我恰恰忽略了一点：她在生活的点点滴滴中已经渗透了“洁癖”的习惯，而这些习惯正是从我这里来的。

如果厕所脏，皮皮宁愿憋着也不肯上，家里有一点灰尘她都会很敏感。皮皮爸爸说，在环境日益恶化的当下，我这么养孩子只会让她的抵抗能力减弱。从大别山区走出来的皮皮爸爸的观点是：如果你是吃地沟油长大的，来点雾霾也能适应，不会动不动就犯鼻炎、嗓子哑了，人的适应能力是可以开发的。他还打个比方说：如果一条大船搁浅，流落到荒岛上的各国游客只能在蛮荒之地自给自足，等待救援，只有平时干净讲究的日本人受不了，发高烧，拉肚子，差点没命；而中国人最皮实，生存能力最强。对于皮皮爸爸的观点我不敢苟同，毕竟环境中隐藏着太多看不见的杀手，人类各种奇奇怪怪的疾病不正是来源于此吗？

如今，二胎放开了，身边的大肚准妈妈越来越多，看到她们给孩子准备的清单，比我生皮皮时复杂多了，不少准妈妈都会买个环境测量表、食品计量秤，以期做到温度、湿度、各种吃喝入量尽在掌握。我也不知道这究竟是不是科学喂养，但是我却清楚一点：爱无法称量，爱的温度最难把控。

②半个奇异果

奇异果清热生津，被称为水果之王，尤其是新西兰进口的金奇异果最甜美，尽管价格不菲，但深受妈妈们的欢迎，有条件的家庭都会买金奇异果给孩子补充营养。有一次，我的一位女同事郁闷地说：“经过我的手剥了多少个奇异果，我都记不清，但我真的一个也没舍得尝过。”我又何尝不是这样呢？像是遇到了知音，我激动地握住了女同事的手。没想到的是，几天后我竟然在家里的垃圾桶里发现了半个金奇异果，尽管有垃圾遮挡，我还是能够看见它鲜嫩的果实饱含果汁的样子。我无法形容当时的气愤，立即喊叫起来，还很暴力地打了孩子。皮皮哭着说，刚才就是不想吃了。

从金奇异果的价格、价值，到我们上班的辛苦，我像祥林嫂一样絮叨了好一阵，心里有一种莫名的痛，然而，皮皮却并没有多少触动，只是答应再也不乱扔东西了。我觉得并没有达到教育的目的，于是，打算借助影视剧的力量来进行“挫折教育”，让孩子在生动的表现形式中真切走近那些对生活充满渴望，却因为贫困而一无所有的孩子。

我记得自己曾经看过一部叫作《走路上学》的电影，片子写的是云南傈僳族孩子的故事：小瓦娃七岁了，每天最羡慕姐姐娜香能溜索道去江对岸上学。姐姐的支教老师送了姐姐一双红色的雨鞋，在寒冷的冬天，娜香终于有鞋穿了。为了弟弟瓦娃能安心在家，姐姐把红雨鞋留给了弟弟，弟弟高兴得睡觉都要抱着红雨鞋，但最后，懂事的弟弟还是把红雨鞋还给了姐姐。于是，姐姐省吃俭用还向老师借钱，终于给弟弟买了一双运动鞋，她抑制不住喜悦的心情，可是乐极生悲，在溜索道回家时失手把新鞋掉进了江水里，姐姐竭尽全力想抓住那双鞋，却被湍急的江水吞噬了生命。这部电影是我在做政府奖儿童片评委时看到的，看得我热泪滚滚，马上打听怎么才能捐款给那些孩子。翻出这部好几年前的电影，和皮皮一起看时，我还是感动得泪流满面，可是皮皮却油盐不进，还问了我一堆奇怪的问题：为什么姐姐会为了一双鞋把命丢了？鞋重要还是命重要呀？他们住得那么破，怎么不搬家呢？上学为什么要溜索道？路在哪里呢？

如今城市的孩子们要什么有什么，如何能理解一双鞋对于冬天都赤脚的孩子来说意味着什么？那不仅仅是一双鞋，能让脚舒服暖和，那还是一份尊严，一份对生活的渴望。他们渴望穿上鞋，沿着路，走出大山，到外边的世界去。对于影片中的孩子，鞋意味着希望，意味着做人的快乐和尊严。

尽管我反复告诉皮皮，电影中的这些都是真的，是根据真人真事创作的，皮皮还是将信将疑。在她的世界里，她是中心，是有十几双鞋子，不知道要穿哪一双，要和衣服做完美的搭配；是有各种漂亮的衣裙，穿不了几次就会小，就又要换新的；是伸手可得甚至用表情就能拥有心仪的玩具。我们给予孩子太多，以至于孩子不会珍惜。我们都只有一个孩子，举全家之力供养之，以至孩子从不懂得分享和感恩。

怎么才能让孩子懂得父母的一片苦心呢？我锲而不舍，又翻出一部让我感动的电影《哥哥树》，在极度缺水的陕北高原，一个孩子为了哥哥留下的小树能有一口水活下来，和大人们做殊死抗争。没有想到，皮皮看完竟然跑到水龙头那里，拧开龙头，惊喜地说："妈妈，我们还有水，流不完呢！"我赶紧关掉龙头，眼泪却关不住了。

半个奇异果，一双新鞋，一棵缺水的小树，我想告诉孩子这里面承载的是爱和希望，然而，怎么才能让孩子明白呢？静等花开？我知道随着孩子年龄的增长，道理会越来越通，但是如果没有培土，没有浇灌，没有修枝剪叶，花开了也好看不到哪去呀！

要不要陪孩子睡

在我们的电影《洋妞到我家》接近尾声的部分，互惠生娜塔莉神秘地问了徐帆扮演的妈妈一个问题：你为什么和皮皮（片中孩子名字也叫皮皮）爸爸分开睡？徐帆妈妈笑起来，不以为然地回答道："中国的父母都这样啊……"娜塔莉不解地说："中国父母好奇怪。"

问及身边朋友这个话题，得到的答案几乎都是孩子跟妈妈睡，有些孩子甚至老大不小了还和妈妈挤在一起。皮皮已经八岁了，也从不肯自己睡，每到入睡非要勾着我的脖子，贴在我的胸前。为了让孩子能够独立睡觉，我们可谓用尽各种手段。不惜血本的奖励，连威逼带诱惑，都以失败告终。每试一次，孩子都要上火，甚至是生病。记得有一次，皮皮半夜醒来，找不到妈妈，又不敢进我们的房间，就在我们卧室的门外睡着了，等我发现时孩子已经着凉，发起了高烧。我心疼不已，再也不敢尝试让她单独睡了。

我也想知道皮皮为什么就是不肯自己睡，皮皮一直不告诉我，直到有一天，她可怜巴巴地说，她最怕睡着了会做噩梦。因为梦里的东西太真实了，以至于她白天都在想这是不是真的发生过，所以，她不喜欢闭上眼睛，最讨厌睡觉。但是如果有妈妈在，她会觉得好多了。

这样的回答让我的心无论如何也硬不下来了。

有人认为，不要强迫孩子承受分离焦虑，她需要陪伴，那就去陪伴，总有一天，她会选择独处，甚至不喜欢你随便走进她的房间，所以，她选择让你抱着她你就幸福地抱着她，直到她说“请放开我”。当然也有很多人，尤其是西方家庭的家长不理解这样的做法，他们觉得孩子和大人睡，尤其是十几岁的孩子和妈妈甚至和姥姥睡在一起简直太不可思议了。也有皮皮的洋姐姐开玩笑说，只有中国可以有这个传统，因为中国家庭大都只有一个娃娃，如果是西方家庭三四个孩子挤在爸爸妈妈床上，那是无法想象的。

在西方人眼中，培养孩子的独立性非常重要。就像微信中流传的澳大利亚小男孩的视频，才一岁半的孩子叼着奶嘴自己穿衣、洗澡、扔垃圾、清洁弄脏的地毯，把妈妈们看傻了，把众人的心都萌化了。相比而言，中国宝贝在一岁半的年纪大都还只会吃奶呢！当然不是中国宝贝不聪明，而是中国父母保护过度，连睡觉都要抱着孩子，他们怎么可能独立呢？

我的一个闺蜜嫁给了美国人，两人最大的冲突就是怎么带孩子。从医院把孩子抱回来的第一天，美国丈夫就让妻子把孩子放到她自己的卧室去，美国丈夫直截了当地说，谁也不可以占领他和他妻子的床。中国妻子哭笑不得，初为人母，哪里舍得把孩子放到隔壁房间的小床上去？何况夜里还要起来喂奶。争执不下的时候，专家给予了他们合理的建议。美国专家认为，孩子应该独立睡眠，这有益于孩子的成长发育，尤其是孩子三岁以后，已经有了性别意识，知道自己是男是女，如果和父母过多肌肤之亲还会导致性早熟。另外，从家庭和睦，增进夫妻情感上讲，父母和孩子分房也是科学的。

尽管道理上人人都懂，但是当女儿穿着睡裙、赤着脚、眼泪汪汪地站在我的面前时，我还是下不了决心把她轰出去。久而久之，我发现，不是她离不开我，是我真的离不开她。夜里我习惯醒上几次给她盖被子，然后借着夜灯端详她一阵，看着她娇嫩的样子，亲吻她的额头，我的心里好幸福。我也习惯握着她的小手，感受那略带潮热的小手心里传递的温暖，那几乎成了我的睡眠安慰剂。尽管镜子中的自己日渐憔悴，但是依然无怨无悔。于是，我就这样按照中国妈妈的习惯顺其自然了，静静等待她不需要我的那一天。

写这篇小文的第二天，恰巧我的大学同窗打电话来，有点失落地说，昨晚，她儿子睡到自己房间去了，一直睡在地板上的孩子爸终于上床了，夫妻俩相拥着看电视，竟然无话可说，有点像做梦。幸福来得太突然，夫妻俩都有些不适应，还都没睡好。我笑起来，看当爹妈的有多贱呀！

4 病了，先扛着？

病了就看病去呗。可是看病在中国真不是一件简单的事情，尤其是小一点的孩子，三天两头的头疼脑热，如果都去医院处理，可能当爹妈的早累趴下了。我们报社的记者曾经暗访过儿童医院。满地的病孩子，趁火打劫的号贩子，情绪激动的家长，近乎麻木的医务人员。医院有关负责人委屈地说，如果你每天面对成百上千的从各地蜂拥而至的患儿，把医院走廊都挤得水泄不通，如果医护人员一天下来都没有时间饮水、如厕，喘口气都有罪恶感，怎么可能笑对患者？

看病难就尽量少上医院，避免交叉感染吧。中国妈妈在孩子不舒服时喜欢马上用药，看不得孩子熬着，痛苦着，要是烧坏了脑子后果不堪设想呀！于是就有了感冒发烧到底用不用抗生素，到底输不输液等热烈的讨论。而在这样的讨论中，东西方家长表现出了极大的差异。洋姐姐们看到皮皮发烧，第一反应是把她扔到冷水中洗澡，用凉水降温，而这在中医看来简直是作死，别说凉水了，热水澡都不让洗。西方人是不轻易用药的，他们认为，炎症出现是自身抵抗力的作用，人体有自我修复功能，使用消炎药会导致肠胃消化障碍，让抵抗力下降。而中国医生则认为，高烧几天不退，炎症会逐渐往里走，深入到肺部，不好治愈不说，弄不好还留个后遗症。所以，用药就是防患于未然，及时把病毒清理到体外。

我经历过皮皮的一次可怕的治疗。那时，皮皮才四岁，突然高烧不退，一家号称权威的医院看了化验结果当即开出了输液单子。我当时正在外地出差，听到这样的消息，心马上就悬起来了。孩子打了四天吊瓶，天天呕吐，精神都没有了，我赶紧坐了飞机回来。看着孩子吃什么吐什么，我心如刀绞。关键时刻，我求助的一位中医朋友帮了大忙。她让我立即给孩子再验一次血，经过了几天的输液，孩子的情形有什么改变必须尽快掌握。化验结果让人大吃一惊，孩子的白细胞快给打没了，根本就没有抵抗力了，任何病毒都能置她于不利之地。面对质疑，医院怕担责任，赶紧给孩子换药。我认真研究了更换的药物说明书，那居然是治疗败血症的药。

同样的情况，朋友的孩子在加拿大发高烧，医生开的方子只有冰袋，让孩子妈焦虑了好几天。虽然我对“有病先扛着”的说法也不敢苟同，毕竟靠“扛”，埋藏着太多的危险，但如果一生病就小题大做，过度治疗无疑更加糟糕。那么如何把握这个度呢？在中国，当妈的也得是半个医生。孩子嘴巴干，地图舌，那就说明上火了。从大便的颜色、形状也能看得出健康状况。握孩子的手心是最直接的诊疗方法。手心潮潮的、微热，说明循环基本正常，如果干热或者冰凉，那可要注意了。当然，最直接的表现是孩子的状态，孩子急躁，爱耍脾气，先别急着责骂，可能是内火所致。

孩子从小时候一两个星期病一次，到一两个月病一次，到逐渐拉长时间，到现在很少生病，和我“自学成才”的“望闻问切”分不开。孩子不能有火，有火最忌寒凉；孩子不能积食，积食会造成消化不畅，脾胃不和，得赶紧“灭火”。我每天都紧张地察言观色，无微不至地照料，唯恐孩子生病耽误学业。当然，孩子也必须配合，所以，很多东西我们都不让她吃。巧克力不管多高级也不能多吃，冰激凌太寒凉，万万不能碰，蛋糕甜点最爱上火，饮料肯定是不能喝，油炸食品和膨化小吃根本没给孩子买过。直到有一天，我们在一个小超市买东西时，惊讶地发现，孩子竟然躲在一根立柱后面偷薯条吃。

我至今仍清楚地记得店主怀疑的目光、讥讽的口气，我的暴怒，孩子的啼哭。皮皮爸爸也忍不住对孩子发了脾气。但是现在想来，是不是我们限制太多反而激发了孩子更大的欲望？孩子哭着对我们说，好想尝一下那些被我称为垃圾食品的食物味道。其实，我也很纠结于我的严格控制对不对，尤其是当皮皮羡慕又嫉妒地咽着口水看着别的小孩大口吃冰激凌、大口喝可乐时。然而，在雾霾的天气里，在一个一个小伙伴都病倒而皮皮仍坚持着上学时，我就会备感安慰。

剔鱼骨的烦恼

皮皮小的时候，幼儿园是很少给鱼吃的，主要是怕鱼刺剔除不净，卡到孩子，不敢担责。吃鱼的好处不言而喻，浙江的一位普通父亲，把三个孩子都培养成了博士，这位父亲开讲座时，特别谈到要给孩子多吃鱼。为了让皮皮能安全地吃鱼，我买了一堆一次性手套，一点一点给她剔鱼骨，从她很小到已经不小。其实也有朋友告诫我，这个鱼骨不能再剔了，孩子必须学会自己能吃到鱼肉而不被鱼刺扎到，这应该是生存的一种本能。我于是尝试着放弃，结果是皮皮不再吃鱼，因为她觉得太麻烦，不安全。接下来发生的一件事更让我说起来心有余悸。

皮皮的好朋友五岁了，一次被鱼刺卡到，疼得哭不出声来，血流满嘴，泪流满面，她的妈妈抱着她跑了三家医院才被接纳。这么小的孩子做手术简直让妈妈心碎了。妈妈疯了似的絮叨着自责，家里更是闹得鸡犬不宁。后来这位妈妈坚决地告诉我，一定要给孩子剔鱼骨，不仅是鱼骨，还有鸡骨、腔骨、蟹壳，等孩子长到足够大，再自己做也不迟。她还专门买了两个篦子，为了煮汤时过滤各种有危险的骨渣、鱼刺。其中有一个篦子送给了皮皮。这样的情节被我用到了电影《洋妞到我家》里。影片中，互惠生姐姐和妈妈产生了巨大的冲突，就是因为一根鸡骨头卡到了孩子的喉咙。妈妈觉得，洋姐姐没有尽到照看的责任，洋姐姐认为，所有的问题都是妈妈娇生惯养造成的。

现实生活中，我们给孩子剔掉的不仅仅是鱼骨、鸡骨，还有意识地帮他们剔除了各种困难。孩子们发生口角，肢体冲撞，出来解决问题的是家长。孩子考试成绩不理想，出来解决问题的还是家长。大事小事，哪怕是一点困难，孩子们的反应都是找爸爸妈妈，爸爸妈妈也乐意为孩子分担一切。日子久了，孩子会以为鱼没有脊骨和刺，鸡肉里不可能有骨头，生活中不应该有烦恼。所以，当孩子失去我们庇护的那一天，他们会无所适从，或许会在生活的汪洋中处处呛水，狼狈不堪。

皮皮的美国姐姐丽萨说，她三次脑震荡，一次是踢足球，一次是滑帆板，还有一次是打冰球。感谢上帝，她仍然这么健康。如果换成中国父母，怎么可能不紧张？一次就够了，绝对不会有第三次。所以我们的孩子才缺少安全意识。想想我们当父母的都做了什么？所有的桌角、床角都包起来了，地上是软垫，楼梯上有护栏，孩子想摔几个跟头、磕磕碰碰都不容易。所以，放在“套子”里的孩子因为被过度保护，即便长大了安全意识也建立不起来。就像皮皮，因为一岁半时出过危险，之后就被我严严实实包裹起来了。如今她八岁多了，走路从不看路，也不会顾及身旁会有掀开的井盖、脱落的电线、飞驰的汽车。每当看到危险离她那么近，我就不寒而栗。我想象着无数个如果，如果我没在她身边，没死死盯着她会怎样？如果哪位新手司机没能及时踩住刹车怎么办？在操场上急速奔跑时被别的孩子撞翻怎么办？

然而，我们能替孩子抵挡一切风险吗？所有的苦和累，我们都替他们吞咽了，有一天我们的臂膀不在，他们怎么生活呀？从灰姑娘成为公主，大部分孩子是能够适应的，但是一旦有一天公主变成灰姑娘了呢？孩子能不能坚强而乐观地迎接挑战，重新找到幸福呢？身边就有一个这样的姑娘，家庭发生了巨大的变故，她的生活一夜之间完全改变，亲情不再，朋友疏离，债务纠纷，她用柔弱的肩膀扛起了一切，但是她仍然充满希望地生活着，从容地接纳生活所有的考验。我惊讶于她父母的教育，在这样的窘境下，她还是工作最努力的，最愿意帮助别人的那个。

鱼骨该不该剔，我也不敢说，我只是纠结于鱼骨剔多了、鸡骨都过滤清了，那就不要指望他们能够有独立性，也别指望有一天，他们能为别人着想。没有危机意识，没有经过挫折教育可能会丧失生存的能力，也不可能拥有面对逆境战胜困难的勇气。

生活处处是险滩，我们也想让孩子简单地幸福着，可是，如果生活不简单，你简单了，你能幸福吗？我们剔除得了鱼骨、芒刺，但我们毕竟无法将孩子未来面临的困难一一剔除。

6 找个保姆有多难?

没有老人帮衬又必须上班的妈妈，想必都会有找保姆的困惑。我给皮皮找保姆的过程真的犹如一出戏。

那一天，我又满怀希望地进了一家自称资源充沛的中介。当然，要和阿姨面对面，照例要先交三千多元的入门费。

第一个来面试的是个四川阿姨，打扮入时，一脸淡定，看得出是个“老江湖”，还没等我开口，人家就跟个连珠炮似的问起来：“你家几口人？你家多大面积？你家就是带小孩还是带小孩兼顾着做家务？你家有几个卫生间？你家的交通便利吗？”我一下子给问蒙了，一时错愕，这是谁雇谁呀？

第二个见面的是个东北阿姨，精心搭配的服饰，脸上还化了淡妆，东北阿姨倒没有咄咄逼人的气势，而是操着东北腔慢条斯理地介绍着自己，还带着几分清高：“我原来是会计，坐办公室的，算白领。我会弹钢琴，《小汤 1》《小汤 2》都能弹。我曾经也是舞蹈队的，在我们老家的广场上是领舞。”我赶紧解释，我们就是找阿姨，不找艺术老师，再说钢琴我们有专业老师了。东北阿姨不悦地说：“那你们不是也得有人盯着陪练吗？陪练要花多少钱，你会算账吗？”我一时被噎得说不出话。

第三个阿姨是个山西姑娘，看上去怯怯的，一脸质朴，她熟练地回答了几种家常菜的做法，告诉我她的缺点就是太爱干净，有点洁癖，这让我心中窃喜。她提出的唯一要求是每个周日都得休息，她是虔诚的教徒，有雷打不动的教堂礼拜。这更让我放心了，信教的孩子总是有底线的。我二话不说，签了，带回家。

山西姑娘倒是没有扯谎，我家地板从此一尘不染，皮皮穿着白袜子到处跑，袜子居然还是白的。皮皮的餐具也是顿顿消毒，水果不用我嘱咐都会削果皮，衣服也会分开洗涤熨烫得整整齐齐。这对于我来说简直是个惊喜。平静的日子就过了几天，皮皮又生病了，也巧了，正好是星期天，皮皮高烧不退，抽搐的样子十分吓人，我怕给孩子耽误了，收拾了准备去医院，却看到山西姑娘正在梳妆打扮，原来人家压根儿也没想着随我一起去，而是坚持在我最需要她的时候去见她的上帝。

皮皮那个时候不停地呕吐，我一边忙着给孩子换衣服，收拾残局，一边真诚地劝她说，上帝也是悲天悯人的，也一定会济危扶困，皮皮本来就晕车还高烧呕吐，无论如何也要陪我上了医院再走呀。山西姑娘却不以为然，她的回答让我直接晕倒：皮皮本来就不需要去医院，不需要治疗，她会为皮皮祈祷，皮皮自然就会安然无恙。我记得当时又急又气，对她的印象一落千丈，我果断地请她走了。

那天，北京很冷，那时也没有方便的打车软件，我也不知道哪里来的力气，抱着我家胖娃，拎着大包走了好久，直到有了出租车才感到力气已经用光了。后来，我从保姆中介处得知，那个山西姑娘的弟弟曾经差点因为不及时就医送了性命。还得知那个姑娘每个月都将辛苦挣来的酬劳的一半捐给教堂，还发誓不婚不嫁，侍奉她心中的主。我第一次感到信仰的力量如此之大。

皮皮快两岁的时候我托朋友从东北请来了退休的幼儿园老师帮忙带皮皮，那位穿着貂皮的曹阿姨性格温柔，心灵手巧，每天教皮皮插花、画画、做布艺、玩游戏。皮皮蹒跚学步时就能从一堆卡片中识得不少汉字。我呢，倒像个阿姨，忙里忙外地给她们做饭，洗衣，维护家里的卫生。但是我不得不承认，孩子的智商是从那时开始开发的。曹阿姨只待了不到一年就被嫁到德国的女儿接走了，她的女儿是学美声的，在汉堡还开着一家美容院。再后来，朋友给我介绍了汤婆婆，她非常善良，像妈妈一样疼我和孩子，孩子病了，我哭她也跟着哭，可是，婆婆岁数大了，查出了高血压，她愣是瞒着，难受也不说，每次给孩子洗澡都是满脸通红，一身虚汗。我怕婆婆病倒，就和她抢着干活，所以，日子长了还是扛不住。

汤婆婆回老家照顾老伴去了。那家保姆中介信誓旦旦地保证给我推介一个最靠谱的阿姨，有大专学历，会开车，还能按摩、推拿。一想到上次有一个自称能开车的山东阿姨还没出车库就把我的车撞得面目全非，我就不寒而栗，不敢再寄予希望。出乎意料的是，这个被称为全才的河南阿姨真的会开车，而且是熟练驾驶，帮我解决了接送孩子时幼儿园门口无法停车的尴尬。不仅如此，河南阿姨还有左右逢源的社交公关能力，朋友们小聚，她总是周周到到，让人无可挑剔。

一次，皮皮爸爸把车不小心开进了本来就窄，还在街边摆摊的自由市场，前进不成，后退太难，还压坏了一个摊主的几个茄子。一群小摊主冲上来要砸车，皮皮吓得哭起来。关键时刻，河南阿姨下了车，带着一脸笑容，软中带硬，一边赔不是，一边有意地提了提她的城管朋友，就那么淡定地给摆平了。日子长了，我发现，除了不太会做饭，河南阿姨的情商、财商、智商都是高水平的，这不免引起了我的好奇。一问才知道，河南阿姨 20 世纪 90 年代初就是歌厅老板，在她的描述中，她的歌厅当时就是达官权贵的社交场，她指挥着几十个“小姐”，不曾差过钱，如果不是她老公在歌厅被酒鬼捅死，她可能还是个风光无限的老板娘。她得意的描述，却把皮皮爸爸吓坏了，皮皮爸爸夸张地指着我质问：“你给我找个带‘小姐’的来带孩子，这也太离谱了吧？”

皮皮上学之后，住家阿姨可以省了，朋友又给我介绍了几个小时工，第一个是嫁给北京人的河北姑娘，她在北京郊区的家加盖了好多间房，有几十间客房出租。闲暇时，她来给我帮把手，皮皮过生日，她还张罗给皮皮发红包。第二个阿姨是昌平人，家里拆迁了，拿着补助的巨款却闲不住，拉着大卷毛狗在我家顺便挣个零花钱，包子蒸得简直是太好吃了。还有一个阿姨帮着两三个大款照看房子，阳光灿烂带地暖的高档公寓她换着住，其中的一套两居室还是专门给猫租的。

最让我心疼的小时工姓吴，朋友在电话里说她的一只手有点问题。可是，来了我才看到，哪里是一只手有问题，而是缺了整整一条手臂。吴阿姨平静地讲述了她的故事，像是说别人家的事。一次，她丈夫驾车造成了车祸，不但送了自己的命，也让车上的两人遇难了，吴阿姨虽是幸存者，但失去了一条手臂。在赔光了全部家财之后，她简直无路可走，两个孩子还要她养活。这时，吴阿姨出事前的雇主对她说：你想回来干就回来，不是还有脚，还有另外一只手吗？于是她试着站起来了。我目瞪口呆地看着吴阿姨打扫房间，衣服叠得像货架上的卖品一般整齐，水池擦得如新买的一样亮洁。她一只手能拧干毛巾，一只手能缝缝补补，干活干净利索。皮皮惊讶地喊道:“简直像仙女来过，妈妈，我两只手也做不到呀！”

如今，朋友圈里的朋友们都主动约吴阿姨做工，这不仅仅是给吴阿姨机会，她励志的形象也是无声的教化，对孩子的影响是深远而长久的。

压岁钱该『压』什么？

中国小孩过年都能挣到不少“压岁钱”，红包给来给去，自家人都脱不了这个俗气，就为讨个彩头。孩子们欢天喜地拿着压岁钱跑了，给大人留下一屁股要还的账。换句话说，人家给两百，你不好意思也还两百，至少是三百。也有把压岁钱当作疏通关系的一种手段的，这更是直接给大人出了一道难题。压岁钱到底是谁的钱？有的家长用压岁钱给孩子建立了个人账户，用于投资孩子的未来，也有的家长干脆拿来还账，留个一元两元的哄孩子。

有一年春节，我带女儿去新加坡体验不同的教育，在那边上学并且过年。没有想到新加坡的华人春节比国内还热闹。大街小巷张灯结彩，利是包，也就是我们所说的红包更是满天飞。老师见到大声说吉利话拜年的孩子们，就像魔术师一样变出红包分给他们。我发现新加坡的利是包里面装的并不是钱，而是精美的巧克力金币，金灿灿的十分耀眼。最让孩子们期待的还有里面的神秘小纸条，上面是幽默俏皮充满祝福的留言，比如，“努力学习，不然有一天你拿什么发红包？”“嘿，你可得注意了，又老了一岁，都八岁了呀！”……孩子们分享纸条上面有趣的句子，都会笑出声来。

新加坡华人之间的交往，压岁红包也是必不可少的，但是红包一般都在二十元上下，彼此都不会感到有负担。新加坡华人的孩子从不白拿红包，吉利话是一套一套的，女儿皮皮在那里就练得满口甜言蜜语，什么恭喜发财、花开富贵、步步高升、万事如意等等，说得快的时候就像是在说绕口令，再加上个鞠躬礼，真的很给力。如果问起新加坡的孩子为什么会在过年的时候能得到压岁红包，他们也是如数家珍，娓娓道来：传说“年”是凶猛的魔怪，红包就是为了辟邪驱鬼，压岁是平安和祝福的意思。关于年俗文化的动画片内容孩子们也都能背下来了。

压岁钱也好，零花钱也罢，中国城市大部分孩子都有自己的小金库。买玩具，换吃食，有时非常随意，这在西方很多发达国家都很少见。我家里来自世界各地的互惠生小姐姐们常常惊讶地问：“中国孩子怎么能有自己的钱，而且不是劳动换来的？”对于她们来说，出门卖报，推销商品，帮父母打扫卫生，参与社会调查，大一点的学生可以到餐厅刷碗，只有工作才能挣到钱。至于圣诞节，也只有礼物，不会有钱。

来我家的小姐姐们大都很“穷”，尽管来自山村的德国姐姐家里有一台欧宝、两台宝马，澳大利亚姐姐家里有大花园，芬兰姐姐、瑞典姐姐、英国姐姐家家都是别墅靓车，但她们大老远来中国，身上带钱最多的一个也只有九百元。她们大都非常节俭，不会乱花一分钱。她们有自己的梦想，但都会靠自己的努力去实现。比如，到中国来学习，她们都会先去打工，赚取学费，有的当门童，有的当餐厅服务员，有的去做护理工，总之，她们留学的费用、飞机票款家长是不会管的。相比之下，中国孩子哪一个不是花着父母的钱出国上学呢？他们觉得理所应当，家长们也不会认为这有什么不妥，别说上学读书，就是工作了也鲜有不啃老的，房价高物价贵都是啃老的原因，但是父母穷尽一生为孩子，倾尽所有给孩子也是根深蒂固的传统。

有一次，皮皮和小朋友一起聊起了“钱”的话题。小朋友骄傲地告诉皮皮，自己的爸爸妈妈会留很多钱给他的时候，也随便问了皮皮，她将来能得到多少“遗产”。皮皮的回答让我感到很欣慰，皮皮说:“我的父母给我的不是钱，而是本领，他们把钱都投资在我身上，让我长本事，然后自己去赚钱，赚大钱。”

我想，她之所以有这样的见地，也是因为我们平时的灌输，每次给别人发红包我们都让皮皮动手包，她自己得了红包也交给她，让她算个进出，一来二去她便明白了，原来压岁钱只是一种情感的交流，并不是赚钱的方式，这也算是对她财商的一种培育吧!

节约与浪费

皮皮的奶奶是全家最“节约”的人。买了新鲜的熟食却舍不得吃，总想等儿子孙子回来一起分享，等到熟食变了颜色又舍不得扔，竟然把已经变质的食物吃了，结果上吐下泻。孩子们掰着手指给奶奶算账，一块熟食十几块钱，一趟医院花了两千多块钱。可是奶奶也振振有词：“你们都没有挨过饿，不知道饥饿的感觉，况且这也是资源呀！”奶奶说得没错，其实这里面还有奶奶的爱和期待，儿孙忙得无暇顾及老人的无奈。后来，我在我的电视剧里用了这个情节，还将奶奶洗澡的桥段也做了放大夸张，戏里的老人和奶奶一样，淋浴的时候踩着个大塑料盆，还黑着灯洗，为的就是节约水电，结果人仰盆翻，住进了医院。

皮皮爸爸继承了奶奶的“节约”。当然，他不会吃变质的食物，洗澡时脚下也不会踩个大塑料盆，但是皮皮爸爸喜欢“办卡”。有段时间，皮皮爱上了滑冰，一进冰场就不肯出来，一次滑下来就得百十块钱。皮皮爸爸算了算账，果断地办了张不计时卡，一次平摊下来才三十几块。没想到的是，孩子的兴趣是一时的，皮皮滑冰要的是感觉，还得看是和谁在一起滑。滑冰天才——芬兰姐姐走了，没有人拉着她在冰场上炫酷了，她当然觉得不再有趣，加上学习的任务越来越重，滑冰卡是眼瞅着过期的。皮皮爸爸还办过一张价值三千多块的游泳卡，在一个堪称高大上的水城游一次也才三十块，可是皮皮爸爸却忽略了卡上注明的节假日除外。上学的日子自然没空跑那么远去游泳，就算挤出时间，一下水就爱犯鼻炎的皮皮游完泳的代价也是巨大的，一来二去，游泳卡也被束之高阁了。最不靠谱的是皮皮爸爸在路边办的一张洗车卡，看上去便宜极了，可惜，只洗了两次，连洗车房都消失了。为了爸爸造成的种种损失，家里没少开展“反思与批斗”活动，讨论什么才算真正的节约，什么才是彻头彻尾的浪费。在这样的讨论中，孩子和大人的财商是一起增长的，而财商对于一个孩子来说无疑是涉足越早越好。

有一段时间，皮皮跟小姐姐们学会了讨价还价，她把所有的兴奋点都集中在价格上，却常常忽略了产品质量。我会告诉孩子：这和爸爸办卡是一样的道理，便宜的东西你在买的那一刻是开心的，可是接下来它可能带给你的就是不开心甚至是麻烦。比如，甲醛超标的玩具、衣物等。而如果讲品质，可能价钱上去了，你也许在付钱的那一刻有心碎的感觉，但是它们如果让你放心，让你感到安全，而且不易损坏，长久地带给你快乐，你就值了。我常常会和孩子讨论“节约与浪费”的话题，也一直在告诉她，人生是门数学课，一定要“患得患失”。做任何事情都要计算成本，人力成本、时间成本、金钱成本，比较一下是得到的多还是失去的多。皮皮很会算账，她会计算大闹一场要付出怎样的代价，所以，皮皮算是比较理智的孩子，她更多的时候会选择和我谈判而不是哭闹。

皮皮因为表现好能从家人那里得到奖金，过年时也有自己的压岁钱。我不太鼓励孩子一分一分攒钱，而是支持她花钱。只要她把用钱换来的东西充分利用了，我就不觉得是浪费。比如，皮皮爸爸最反对皮皮买芭比，觉得她的芭比太多了，这种玩具不益智。但是，在皮皮那里，芭比不仅仅是玩具，而是她编剧导演的各种小戏中的一个个人物，她用芭比来外化她心中的那个美丽世界，她需要公主，需要王子，还需要巫师，她的英文表达正是在对着这一群芭比的唠叨中变得越来越好。我也不会给孩子攒钱，而是尽量用钱让她长本领。有一次，我问她："孩子，假如你是逃往欧洲的难民，你觉得什么是你最应该带在身上的东西？"皮皮想了想说："金银财宝不能吃，面包也会吃完的，而本领是长在身上的，谁也拿不走。"孩子的话简直太有哲理了，我不住地点头。这也是我把所有积蓄都投资在她教育上的原因。事实上，皮皮在电视上也看到了难民的不同境遇，有技术有手艺的肯定是移民局接纳的首选。

我很少用名牌，但是我不介意皮皮去欣赏大牌并研究人家的设计美，我也乐意让她学点鉴宝知识。我不会像其他父母那样反对她花费时间刻意搭配服装和鞋子，觉得所有时间都要用在学习上。在我看来，这些是一个女人应该具备的，而且要从"小女人"抓起。

最美家庭

我们家意外的在中华全国妇女联合会举办的“寻找最美家庭”活动中得到了“最美家庭”的称号，要知道全国只有十个家庭入选，真是一份难得的大奖。隆重的颁奖礼那天，我正带着皮皮奋战在“希望之星”的英语比赛场上，而皮皮爸爸那时在德国访学。为了弥补遗憾，我的单位特地又为我公开颁发了一次奖，接过沉甸甸奖杯的那一刻，我竟然有点恍惚。

实际上，在领奖的前夜我家还吵得翻天覆地，我真的犹豫要不要去领这个奖。争吵的原因无非是孩子。皮皮爸爸在单位算是个小头目，平日里鸡零狗碎的事情特别多。那天，我外出开会，他居然忘记了接孩子。老师不耐烦地打电话给我时，我正在一个研讨会上激情澎湃地对一部即将问世的作品指手画脚。冷不丁被老师责难，头一下子就大了。我一边极力安抚着班车老师，一边带着一腔怒火给皮皮爸爸拨打电话，电话居然一直是忙音，一次、两次，我飞不回去，真是又急又气。老师批评得没错，班车上又不是您一家的孩子，别的家长也会等得着急，做父母的怎么能这么不负责呢？

“战争”不可避免地爆发了，我对皮皮爸爸大声咆哮着：“你可以丢钱、丢手机，甚至丢钥匙，但是如果有一天，你把孩子弄丢了，这日子就没法过了。”皮皮爸爸也不甘示弱：“孩子已经八岁多了，从班车下车的地点到家步行不足五分钟的距离，她完全可以自己走回去，给她把钥匙，让她学会独立，这才是家长该做的。”我真是气得无法控制自己的情绪，话里全是火药的味道：“不是说好了你接吗？你接不了为什么要答应？有什么比自己的孩子更重要的呢？”男人的思维和女人的想法就是两条平行线，似乎永远不能相遇。皮皮爸爸却坚持认为，所有的突发事情都没有时间准备，成长可能就是一天内完成的事情，我们不可能呵护孩子一辈子。

我们争得面红耳赤，皮皮急得团团转。她一会儿拉住我，一会儿拽着爸爸。终于，她哭了起来，大声说：“你们别吵架了，我以后自己回家，我可以做到。我不会乱跑，也不会跟陌生人走，给我钥匙！”我和皮皮爸爸都不约而同安静下来，一个拉着皮皮的左手，一个拉着皮皮的右手。皮皮顺势把一家人的手放在一起，严肃地对爸爸说：“你得道歉，你是个男人呀，哪有男人不让着女人的！”皮皮爸爸一下子被皮皮逗笑了，敷衍着说：“好的，道歉，道歉！”皮皮不满意，对爸爸再次要求道：“道歉要真心，要严肃，不能笑！”皮皮爸爸被女儿搞得有点难为情，他抢白说：“难道非得写个检查才算数？”没想到皮皮马上拍手赞同：“对，就写检查，刚好练习写字！”皮皮把爸爸对付她的招数全还给爸爸了。在女儿的润滑下，绷紧的情感纽带又开始缓和了……

对于“最美家庭”的称号，我们一家都觉得有点愧不敢当。之所以给予了我们这个称号，我想是因为我们一家人一起努力把自己的故事创作出来，搬上了银幕，并获得了国内的“五个一工程”奖以及海

最美家庭

外的诸多奖项，引起了一些反响。一家人捣鼓出一部电影的事毕竟不常见，也比较正能量。然而，正如影片中的那对中年夫妇所面临的生活、工作压力，情感困惑，我们也经历着同样的危机，犹如在风浪中漂泊的小船。小船不搁浅不触礁，靠的是一家人的责任担当。在我看来，爱不会永远，因为人不可能永远，所以爱才显得那么美好，那么弥足珍贵。尽管“王子和公主从此过上了幸福的生活”这样的结尾令人质疑，但是，我们仍愿意相信童话，相信美好。

现在，那个大大的奖牌就摆放在家里，它时刻提醒着我们：爱和时间在一起，可以随着时间消逝得无影无踪，也可以停留在某个瞬间定格在记忆深处，永不磨灭。

特殊的家长会

记得有一天我突然接到了一个陌生电话，电话里传来极有磁性的谦和的女声："我是刘彭芝，你也许听说过我。"我当然听说过了！刘彭芝是国务院参事，是人民大学附属中学教育集团的灵魂人物，是著名的教育家。她在电话里向我提出一个请求，希望能到人民大学附属中学放一次我们的电影《洋妞到我家》。她坦言，自己在网上看了一个"枪版"，虽然模糊不清，但觉得很有现实意义，她想让他们学校的老师们也看看。有这样的知音，是多么令人兴奋的事！我马上联系了发行方，定好了时间地点。遗憾的是，国企员工的松懈不仅体现在市场竞争意识上，更体现在工作态度上。一个发行人员竟然拿错了硬盘，让充满期待的人民大学附属中学的老师们十分失望。面对不靠谱的队友，制片方简直无语，以快递小哥的速度跑回公司取光盘。我当时真是又急又气，脾气一下子就上来了。刘彭芝校长听说了此事没有抱怨与责难，她微笑着说："那就让老师们先看这个拿错的片子吧，也是缘分。"那份宽容与修养让我自惭形秽。

硬盘当天无法办完出库手续。也只能取光盘了。光盘取回来的时候早已过了午饭时间，有些老师等不及就走了。还是有很多老师留下来，饿着肚子观赏刘校长推介的电影，刘校长自己也没有吃午饭，一直饶有兴趣地坚持看完了效果欠佳的光盘播放，让我感动得几乎落泪。

看完影片，刘彭芝校长和我们一家攀谈起来。她说自己数次被感动，觉得影片中的家庭正是千万个家庭的缩影，故事里中西文化的冲突，夫妻情感的隐痛，孩子成长带给家长的诸多困惑都是当代人需要思索的难题。从影片引发开来，刘彭芝校长兴致勃勃地谈起了自己的教育理念——因材施教。她认为，在孩子低幼阶段开发孩子的潜能，让他们充满自信是最重要的，所以，她从不允许老师压抑孩子的天性，也从不追求整齐划一。她希望她的每个老师都是表演艺术家，用自己生动的演绎把孩子们带入知识的殿堂。正因为如此，我们参观低年级课堂时，透过教室的后窗，看到了“手舞足蹈”的老师夸张地向孩子们表演着授课内容，而“无所顾忌”的孩子们，肆无忌惮地笑着，甚至站起来，跳起来，争先恐后地回答问题，课堂气氛十分活跃。刘彭芝校长就是这么任性，她说：“凭什么规定孩子们手背后脚并齐？我们大人这么坐一整天试试，不累吗？我告诉孩子们，听课的时候怎么舒服怎么来，别有不雅的姿势就行，但写字的时候要规范姿态，不然就近视了！”

没过几天，我又收到了刘彭芝校长的电话，她在电话中说，她想召开一次特殊的家长会，邀请学生和家长们一起来观看这部触及中国式育儿神经的电影《洋妞到我家》。那次放映效果非常好，家长们时而被电影剧情逗得哈哈大笑，时而陷入深深的沉思。放映前，刘彭芝校长说：“今天，我不想夸夸其谈，我想说的很多话都在这部电影中了！”刘彭芝校长告诉大家：这部电影对当前的教育制度改革有很大的启示意义，对当下中国父母如何培养孩子的诸多思考进行了生动的表达，她希望家长通过影片，对扑面而来的新生活和复杂多变的社会状况再次审视，通过对应和反思，和自己的孩子达到心灵上的沟通。

人民大学附属中学教育集团的翟小宁校长也在特殊的家长会上盛赞了我们的电影，他说：越来越多的家长送孩子出国接受教育，是不是出国一切都好？《洋妞到我家》这部电影用真实的故事给家长们上了一课。对于出国、留学等问题，要理性对待，不要盲目跟风，不是外国的月亮就比中国的圆。

让我受宠若惊的是，刘校长居然说："让皮皮上我们的早培班吧！她喜欢英文我们就配最好的英文老师，喜欢演戏就给她舞台。"这是多么难得的教育机会呀！刘校长和我们萍水相逢，看到好孩子就给出好机会，这样爱才、惜才，让我对她肃然起敬。尽管，皮皮当时已被著名的史家小学录取，我们还是对这样的知遇之恩充满感激。皮皮是多么幸运啊，遇到了刘彭芝校长，还遇到了史家小学的王欢校长。被称为"欢校"的王欢校长不仅是个美丽、优雅的女士，还是一位充满活力的教育家。她在第一次家长会上的演讲令我印象深刻，她说："当我们发现一个孩子表现出特殊的优长时，我们会努力成就他。"比如喜欢探寻宇宙奥妙的孩子就会被学校推荐参加"神舟"飞船发射等大型航天活动。还比如一个喜欢研究民俗的孩子探访了南锣鼓巷几十个名人故居，写出了调查报告，也是"欢校"张罗为这个孩子申请了"调研基金"。从这样的教育家身上，我能体会到他们是用心育人，用情化人。他们在特殊的国情下，在激烈的竞争中努力呵护着孩子们的天性，维护着孩子的一方乐土。我也因此看到了中国教育的希望，宝贝们美好的未来。

11 公主病和少爷病

国内某名校艺术团的小演员们赴海外参加一个国际比赛，因为精湛的演技获得了金奖。主办方特意为他们举行了盛大的庆功宴。作为优胜者，这些小少爷小姑奶奶放下伪装，撒开了欢儿地闹，大声喧哗，大声说笑，把一个本来很高大上的优雅派对变得俗不可耐。最可气的是，自助餐时，眼大肚子小的孩子们每个人都拿上四五盘美食，哪一种也不肯落下，吃不吃的先摆上一大桌，结果盘子里剩下了太多，有的甚至动都没有动。转述这个故事的老师眼含泪水，她说，别的国家的孩子都是碗盘空空，而且没有人大声喧哗，相比之下，我们做老师的感到惭愧不已。让包括讲故事的老师在内的五位老师难以忘记的是，当时站在他们身边的侍者，那个白人小伙子就那么端着托盘，眼睛死死盯着老师和孩子们看，不肯离开，看得没人敢正视他的目光，直到五位老师将孩子们剩下的食物全部吃掉，把其中一个老师吃到吐。讲故事的老师三天没敢再吃饭。

我们的孩子在技能上让人赞不绝口，可是在做人上却受到了鄙视，这究竟是不是我们的教育出了问题？我们的孩子每天的时间都被学习填满，课内的远远不够，课外的才能比出个高低。孩子们没有时间学做饭，更没有时间学做人。有些孩子已经到了高年级，却没有起码的自理能力。

皮皮在二年级时还不会系鞋带，让她把塑料口袋扎一下，她茫然地望着我，不知怎么做。因为她习惯于我把水杯递到她的嘴边，所以，至今她喝水都是托着杯底，竟然不会握手柄，因为，手柄一直在我手里攥着。我怎么能不知道这有多可怕？但是，我和孩子一样，每天疲于奔命，哪有时间留给她慢慢成长？

我们的孩子大都患上了公主病和少爷病。他们只会学习，却不懂得礼貌待人，不懂得如何在社会上与人沟通。做大人的并非不知道怎么教育孩子，而是没有时间去教育，带着孩子学这学那，已经精疲力竭。

我还记得我们小时候学习“锄禾日当午，汗滴禾下土，谁知盘中餐，粒粒皆辛苦”时，老师就带着我们到农村去学农。看着被压弯了腰的沉甸甸的麦穗，我们难以抑制兴奋的心情。我们的任务就是帮助农民伯伯拾麦穗。麦收时节，太阳很毒，我们和农民伯伯们一样，顶着大草帽一干就是一天。回到家，嫩嫩的小手早已起了茧子。有的孩子还长了水疱，要疼上好一阵，可是，什么叫作“锄禾日当午，汗滴禾下土”，不用老师多讲，我们自己肯定弄懂了。那个时候，我们讲“咱们工人有力量”就真的到工厂学工，我现在还记得亲手制作包装盒的情景，从不成型到精巧精致，我们知道了一双手能创造如此神奇。那个时候，每个周五都能看电影，什么《地道战》《地雷战》《铁道游击队》《小兵张嘎》……都是那个年代的最爱，爱国主义的种子也是在那个年龄播下的。

而现在的教育却有许多不能为、不可为。把孩子的手磨出茧子、水疱，估计老师和学校都会被投诉。把孩子累着了、晒黑了，老师也要负责的。看电影路上要是出点交通问题，那可担待不起。现在很多家庭可都是一个宝贝，而且被几代人宠爱着，没有人舍得他们吃苦。但是，奇怪的是，在各种补习班、各种学习的累上，家长却绝不手软。可怜的孩子们小小年纪就戴上了厚厚的眼镜，有的背都驼了，这不比手上起茧子、磨出点水疱严重多了？可是，当爹妈的宁愿虐心，也不愿孩子出力出汗。

我外甥上的学校有点西式教育的味道，常常利用课内时间外出实践，却遭到不少家长的反对，他们提意见说，孩子就得好好读书，在应试教育的体制中，你占用课堂时间去社会实践，孩子考不出好成绩你做老师的负责？结果，课内活动全部取消了。温室里养出的花朵是不可能有大自然的芬芳的，公主病和少爷病也就越来越多。

皮皮爸爸常常问我，我们富养女儿，可是，我们不是真的富有，而是殚精竭虑、倾其所有地给予，而有一天，我们不再有这般能力，孩子也长大，如遇变故，她如何应付？她是真公主倒也罢了，有人替她摆平所有的事，可这样一位公主病患者该怎么生活呀？我常常被皮皮爸爸问得哑口无言。但是，尽管如此，我还是舍不得女儿从书山题海里好容易游出来，还要学做饭、学洗衣。孩子忙得没有时间喝水，大便常常好几天没有。望着她干涩的嘴唇，苍白的小脸，眼睛还红红的，我还是禁不住把水杯递到她的唇边，我知道，她可能因此永远学不会去握杯子的手柄。但是，在应试教育的时代，我又能怎么办呢？

算算幸福也不贵

偶然发现家门口的韩国城转产搬迁，到处是“挥泪大甩卖”“给钱就卖”的标记，就带着女儿皮皮钻了进去。

没有想到一下子就看到了三十元两件标牌下挂着的一件鲜花点缀的美丽衬衫。我将信将疑地把衣服拿在手上仔细看个遍，精致的领口、小泡肩、腰收得极有品位。一个顾客也没有的老板看到我特别兴奋，唯恐我拿起又放下，情急之下竟然不知道说什么好，只是坚持让我穿上试试，我随意地披在了自己的小衫外边，不想镜子中竟然出现了鲜亮的形象，而腰身下面的大摆完全盖住了因为缺乏锻炼而微微凸起的小肚子。老板和老板娘由衷赞叹着，夸奖我把他们的衣服穿活了，边夸边把一件件不同花色不同款式的衣服从那一大堆乱蓬蓬扔在折叠床上的堆积如山的货品中翻找出来。皮皮更像卖东西的，快乐地叫着鼓动我赶紧买。我惊叹着，柔软的面料、新颖的剪裁、均匀的花色，有的是淑女的温柔，有的是前卫女生的大胆，有的甚至能成为晚会的正装，我不知不觉又犯了购物的大忌——绝不能显示出过分的喜爱。女儿和老板倒像是一伙的，在一旁一个劲儿地夸奖，没有喝酒我已经晕了。

不想，我试衣服的时候，老板和老板娘突然起了口角，老板说，所有的衣服都是他精心挑选的，所以受到了我这样的时尚女士的青睐，老板娘抱怨说，太过新颖反而不合适这样的销售环境，本来定位是普通老百姓，人家还不敢穿，像我这样的他们一天也碰不到一个，结果是赔本赔到了姥姥家。老板娘心疼钱，宁愿把这一大堆积压货放置在租用的窄小房间里，让自己翻不了身。丈夫心疼儿子连写作业的地方都没有，每天只能在女人的衣堆里做功课……于是他们真的是卖出了跳楼价。看到他们的争执不断升级，我不知道该如何是好，只有决定多买一些衣服，妹妹的、保姆的、我自己的、朋友的……老板感激得不知如何是好，竟然在结账时对我说："你给十块一件吧，你买得多。"对生意人的狡诈过于敏感的我，一时间有点不忍，不忍自己的过分挑拣，我犹豫着是不是不把那两件被我搁置在一旁的有点脏的衣服拿回来时，老板已经把它们放进了我的袋子里，说这两件送我了，我竟然有点不好意思。

记得那次我拿回了十几件衣服。当我显摆衣服的价格时，洗衣店熨衣的大妈不相信地摇摇头说："你想想，哪有这样的便宜？你一定买到了旧衣服，没准是问题衣服呢！没看到报纸上登过那样的事吗？在某个沿海城市发现了大批回收来的旧衣打上商标当新的卖，检验结果细菌多着呢，病人、死人穿过的都不一定呀！"这样一说，我吓了一跳，刚才的兴奋全消失了。

没想到，回到家老公也是这样的话，他表情疑惑极了，一件件翻看着商标，没有发现什么问题，但他还是不信任地说："能这么便宜？这衣服不是不好，是太好了，还带着里儿、蕾丝、精巧的褶皱，人家是做生意的，怎么肯赔钱卖给你？"我看着面前五颜六色的衣服，经过熨烫，它们平平整整，如果把它们搭配好挂起来，不但没有什么不对，还特别抢眼呢。如果放到大商城去，标价几百也不怕没人买！

十元钱刚刚买到的幸福和快乐却被整夜的失眠代替了。那个夜晚，两个相依为命的拌嘴的小生意人老是在我眼前晃，我甚至看到了他们可怜的儿子坐在女人衣堆里看书的情景，看到了老板娘为了几万元的损失落泪……我也梦见了那些衣服从医院、火葬场那样黑暗的地方跑出来，追着它们的是穿着病号服的男男女女，甚至还有青面獠牙的僵尸……天哪，我不寒而栗。

第二天一大早，我就带着皮皮来到小店，老板正给趴在女人衣堆里的儿子辅导功课，看到我高兴得像遇到老熟人，赶紧把儿子轰起来，让他把板凳让给我们坐。我有些犹豫，但还是说出了我的疑问。老板的脸色一下子变了，他顿了顿，接着冲过去在他那张堆满衣服的破床上翻找着，汗水从他的脸上落下来，他有点失控了，一边找一边把那些衣服一件件扔到地上……终于，他翻到了一件和我昨天买到的一模一样的，又找到一件，只是颜色不同，还有同样的颜色款式不一样、大小不一样的。老板气愤地把它们丢到我面前，激动地问我："你见过收来的旧衣一模一样，还分大小码子？"老板把自己的招牌摘下来，用粉笔迅速地写下了几个电话和姓名，最后竟然拿出了身份证，他对我说："你不放心，你发现问题来找我，等我凑足现金，我一准还要进货，还得在这一带做生意。"老板娘不知从什么地方钻出来，她朝自己的丈夫发泄着："你就不该卖这么便宜，我让你定五十块，你怕卖不完，现在看到了？十块才卖不完呢！人家以为你卖的是旧货，没准是偷的呢！"我无语。

本来带给我的是得到新衣的喜悦，同样给予老板的是被人欣赏的幸福，可是这种感觉瞬间被疑惑代替了。是呀，如果标价高一点，我还会有这样的疑惑吗？周围的人还会有这样的疑惑吗？皮皮悄悄地拽着我的衣角说："妈妈，你得道歉，你又错了。"皮皮还懂得帮我解围，打算把自己口袋里的零食分给那个在女人衣服堆里看书的小弟弟。小男孩刚要伸手去接，就被他妈妈狠狠地打了一巴掌。那位老板娘报复般地说："啥都拿，有毒没毒你知道？"

人真的很难得到幸福，想想看，有陌生人主动帮你扛包，你一定担心他打劫；你的对手突然对你好，你一定猜测有个陷阱在不远的地方；有邻居给你送点心，你一定琢磨是不是他家吃不下了，或者是放了很久的；有人一直跟着你的车子按喇叭，你先想到的是他在挑衅，而不会想到是自己的车子出了什么故障……真的，幸福就在眼前，可是却被人看得那么遥远。幸福其实也不贵，可是人人都觉得买不起！

第四章
两个比赛场

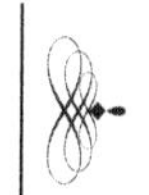

要不要送孩子上兴趣班？要不要让孩子参加各种比赛？要不要替孩子规划筹谋？……看上去不过是稚子顽童的竞争，实际上却是父母育儿路上的较量；看上去云淡风轻的比拼，实际上或许已经拼尽了全身的气力。理念的优劣、用心的深浅、陪伴的品质，所有的都是变量，只有父母之爱，深沉久远，代代相传。

大房车都开来了

近日，在网上看到一张很夸张的图片：湖北某地，一个面临中考的孩子的父母为了节省孩子上学路上的时间，居然买了一辆房车，并把这辆房车开到了离学校一百米的地方安营扎寨。孩子妈妈欣慰地说："现在，每天为孩子节约了将近两个小时的路程，孩子从 5 点半起床变成了 7 点起床，相对多一些的睡眠保证了孩子良好的精神状态，孩子的成绩也因此突飞猛进。"

让我看得目瞪口呆的还有北京海淀拼娃的节奏。海淀家长晒出培养孩子的经费，每年的课外班就要花费几十万！有的孩子光数学一科就要报几个提高班。外语、作文班都是必需的，还有什么男孩的擒拿格斗、舞枪弄棒，女孩的音乐舞蹈、琴棋书画……孩子的工作时间远远超过了大人。很多孩子都是在车上吃饭、换衣服，一站一站地赶场各种课外班。

皮皮的每一个小姐姐都会问我，为什么？我举了一个最简单的例子：一个好位置在国外如果是四个人争夺，在中国可能就是四百个，甚至是四千个人争夺，残酷程度可想而知。哪个家长不希望自己的孩子得到好机会，衣食无忧呢？当大房车都开到校门口的时候，家长们拼的不仅是时间、金钱、智商，还有毅力。在各种压力下，很多父母不得不很功利化。许多家长带着孩子奔波于各种课外班并不是为了兴趣，而是盯着各种考级，目的是能够择选收取特长生的优质中学，甚至是大学。有一位妈妈就骄傲地对我说，孩子打高尔夫球已经打进了美国的常青藤高中，打高尔夫球对于他们来说，不是附庸风雅，不是强身健体，而是进入名校的敲门砖，人生另一条捷径。

在近乎变态的竞争中，我们的教育常常是“提前到达”，二年级学四年级的功课，有些知识我记得是我到了中学才涉及的。课外班孩子的研究课题简直是半专业水平了。在很多幼儿园都开设了幼小衔接的学前班，提前把一年级的功课都学完了。如果你的孩子真是零基础，你敢让他上学吗？可事实上，多大的孩子学多深的知识一定是有科学根据的。我还记得皮皮两三岁时，我急功近利地教她算术，五以内的加减法，又是数糖果，又是摆火柴棍，折腾半天，还是弄不懂，结果是我和孩子一起哭了。其实，孩子大一些，我发现没有人刻意教，她自己就会了。实际上，孩子的理解力是和年龄相对应的，什么年纪该干什么事就是这个道理。

然而，有几个妈妈等得起“花儿”自己开？四岁的孩子钢琴弹到了维也纳金色大厅，九岁的孩子出诗集、谈人生、论情感，少年才子才女越来越低龄，和老大不小还掰着指头算账的外国孩子比，中国孩子个个是神童。

问题是，孩子们天天都埋头做题了，用什么时间学做人呢？家有学童的父母天天忙于上班，还要带着娃们奔波转战于各个补习班、提高班，哪有时间教会孩子做人的基本道理和做事的分寸底线？哪怕是生活技能也无暇顾及。

孩子的家长会上，老师郁闷地说：没有几个孩子会扫地，一边扫一边踩，不懂得扫地的顺序，结果是越扫越花，越帮越乱。不会系鞋带的、擦不干净屁股的、衣冠不整的孩子更是比比皆是。然而，这也不能责怪孩子，各种预习、复习、补习，填鸭式教育让孩子们应接不暇，哪有时间学做事学做人？难得好天气的时候，连蓝天白云都得辜负了。

那外国的孩子都学啥呀？我把皮皮的作业拿给姐姐们看，她们异口同声地说，在她们国家，不会让这么小的孩子做这么难的作业。低年级孩子的时间大都用来玩，当然不是傻玩，他们的老师会让他们倾听花开的声音，会让他们亲手做蛋糕、缝衣服、做社会调查。澳大利亚的小姐姐告诉我说，他们的教育中除了母语之外，非常重视几何，因为在澳大利亚装修房子甚至做家具都是自己完成，计算准确才能节约成本。国外教育更重视实用价值。

相比之下，国内很多孩子做得了英语试卷，背得了英文单词，却不会说，不会用；会做绕来绕去的奥数，习惯到处有陷阱的思维方式，如果冷不丁给个直来直去的题型，甚至不敢相信简单的答案。总做难题，总攻难关，总在各种数字圈套中博弈，说小了是影响孩子的为人处世，说大了是价值观人生观都让人担忧了。当然，也有人会持另外一种观点，这是激发大脑潜能呀！再说，中国那么多孩子，这是公平择优的唯一方法。我不敢妄议对错，只是能够肯定，人不可能全能，在各种累中的孩子可能失去了绽放自我特质的机会，这才是最令人感到遗憾的。

一号演播厅

央视“六一”晚会的舞台就设在一号演播厅，那也是春晚的舞台。每年成百上千的孩子经过层层选拔才有机会来到这里，和大明星们同台演出。那一届的“六一”晚会，皮皮有幸成为一首童谣的小主唱之一，这让见过些世面的皮皮仍充满期待。

在央视“六一”晚会上，皮皮是小主唱之一

最初定下的是皮皮和一个年龄相仿的小帅哥一起演唱，在录音棚录音时两个孩子也很投缘。没有想到，在离演出很近时又加了一个小女孩。据说，这个小女孩在当地经常上节目，小有名气。

第一次见到那个小姑娘有些诧异，因为要演唱的歌曲是表现渔家孩子的，服装要求质朴，可那个小姑娘却穿了一身闪亮的拉丁舞蹈裙。不仅如此，小姑娘身后还跟着一大家子人，拎包打扇，其中最不可一世的是女孩的妈妈。那位妈妈先是如数家珍地显摆了一遍女孩的不凡：一号演播厅也进过两回了，在地方台上节目如家常便饭。她讲得眉飞色舞，充满了居高临下的快感。看我只是倾听，她忍不住开口问道："你家孩子是第一次上'六一'晚会？以前上过什么节目吗？"我弱弱地回答："皮皮刚拍了一部电影。"那位妈妈略显惊讶，然后像明白了什么似的接二连三地抛出一串问题：是不是微电影呀？是不是成本特别低，不能在电视里播的那种？皮皮的镜头少到什么程度，有台词吗？当得知皮皮是《洋妞到我家》的小主演，又得知跟皮皮搭戏的都是一线大明星，连打酱油的都是家喻户晓的演员时，那位妈妈显得有点尴尬。接下来的排练时间里她再也不张罗着女儿教皮皮怎么演戏了。

更为戏剧化的是，她又忍不住向那位小帅哥妈妈发问，小帅哥的妈妈云淡风轻地说了一句话："我平时就是带带孩子，每年投资几部戏而已！"犹如石破天惊，那位妈妈用特别不平衡的语气说："我们也要把孩子转到北京来上学。我们要在北京学表演，对了，你们的孩子都跟谁学表演？"我费了点劲儿才没有让自己的逆耳忠言直接吐露出来，我想说的是，您本来挺好一个女儿却看上去假模假式，一对着镜头眼睛就瞪得溜圆，即使是侧身的舞姿也要用半边脸找观众，脸上的笑容犹如被编排了号码，在旋律中机械地迎合着。一首充满童趣的歌曲真的被当作"秀"了。

当我告诉那个女孩的妈妈我们根本不学表演时，她可能压根儿不相信。其实，表演专业出身的皮皮爸爸最不赞成的就是孩子学表演。记得有一次，皮皮要上央视的一个儿童竞技节目。为了让皮皮稳操胜券，我私下给皮皮找了少年宫的老师。没有想到老师的第一堂课竟然是教皮皮怎么去笑，而且笑容都被编了号码：一号笑容嘴唇上翘不露牙齿，二号笑容微微露出牙齿，三号笑容是尽量露出牙齿……皮皮爸爸惊呼，怎么可以教孩子如何去笑？连笑容都是假的，还有什么是真的？皮皮的可贵就在于“天然去雕饰”呀！

在一号演播厅“六一”晚会的彩排现场，到处都是兴奋的孩子，他们来自各个学校和幼儿园的艺术表演团队。不同的表演团体相互间较着劲，带队的老师们在一片嘈杂中一遍又一遍地给孩子们排练。我观察着这些孩子，比普通孩子略显成熟，有的或许是故意藏起了自己的天真，在成人的调教下表演着，微笑着，说着拿腔作调的话。舞台上，那些跳群舞的孩子真的是从服饰到动作都整齐划一，连笑容的分寸变化都是一致的。舞台下，老师一声令下，几十秒之内，孩子们已经枕着各自的行李箱闭目养神了，连睡姿都一模一样。看到这些，我不免有些伤感。

孩子们的艺术教育究竟为什么呢？老师们说，折腾了一年了，就是为了上央视的“六一”晚会。家长们说，能让孩子登上一号演播厅的舞台，今生无憾。对于孩子，又意味着什么？他们一样的发式，一样的着装，一样的动作，一样的笑容，他们看着小伙伴是不是就像看到镜子中的自己？他们能够练到那么齐整，这台下不知得有多少泪水和汗水，孩子们真的享受这个过程吗？还有那千里迢迢来到一号演播厅的小女孩一家人，他们一定也做出了不少牺牲，他们甚至还决定举家进京打拼。然而，在这“闪亮登场”的背后，他们一定没有意识到，他们的孩子，正在失去自由放松去笑的能力，这该有多可怕！

可怕的妈妈

尽管过去了很多年，我还清楚地记得家里来的那一大一小两位不速之客。那是一对母女，妈妈大约三十岁，牵着一个十岁大的女孩，一进门居然就跪下了，把我和老公吓得不知如何是好。那位妈妈哀求说，她们是从中央电视台一个编导那儿知道我们的，她一定要孩子拜我老公为师，学习舞蹈和表演。为此，她们千里迢迢地来了，并信誓旦旦地表示：只要我老公肯收下这个徒弟，她们付出多大的代价都愿意。

我们很快得知，这个孩子早已不去学校上学，拿所有的时间在外头拜师学艺，她的妈妈也不工作，就专职陪伴孩子到处游走，全部的开销竟然都来自姥姥。我们非常同情那个单亲的孩子，但是我们也对那位不让孩子上学的妈妈表示了不能理解，甚至觉得她是个“可怕的妈妈”。

这个世界充满了诱惑，少年得志，一夜成名，成为明星日进斗金，得万千恩宠。孩子把持不住自己倒能原谅，做母亲的岂能如此糊涂？那个孩子后来的状况不得而知，但是每每说起那位妈妈，我都充满了疑惑，直到我自己有了孩子。当家里的轴心彻底转移成了“一切为了孩子”，我也感觉到了自己的可怕。放眼望去，可怕的妈妈比比皆是，只不过是“五十步笑百步”罢了。

可怕的妈妈中有忙于工作根本不管孩子的，和保姆一起“混”的孩子很可能变得冷漠缺乏热情。还有的妈妈恰恰相反，事无巨细都要管，娇惯得过了，孩子变得越来越懒，懒得动手，懒得思考。最可怕的是“强迫症”型的妈妈，把自己所有的梦想都加持在孩子身上，不管孩子弱小的身体能不能承受。强迫症妈妈大都有暴力倾向，孩子达不到要求或抵触时还会拳脚相加，打完了又后悔，抱着孩子痛哭流涕。

在皮皮的眼睛里，我也是个“可怕的妈妈”，头发冒烟，嘴里喷火，一副凶神恶煞的样子。我也不满意自己的形象，可是，有时真的难以克制。所以，每次辅导孩子作业快要怒不可遏的时候，我就会学着漫画里妈妈的样子在心中默念：她是我生的，她随我，她是亲生的，遗传的是我！念出声的时候皮皮也开始一起念，弄得我哭笑不得。

记得曾在电影《流浪者》中听到过这样一句台词：“法官的儿子是法官，窃贼的孩子还是窃贼。”辩证地看，这句话还有一定的道理，因为父母就是孩子的榜样，孩子就是从父母的言传身教中开始的人生第一课。

成功人士的身后大都站着一位好妈妈。美国前总统奥巴马在回答“谁对你的一生影响最大”时，谈及的是自己的妈妈。奥巴马是单亲妈妈，她母亲十八岁就生下了他，一边读书，一边抚养他和姐姐。正是他妈妈身上那股拼劲让他觉得没有什么是不可能的。他回忆说，他的妈妈居然在那么艰难的情况下坚持不懈，用十年的时间完成了自己的梦想，获得了博士学位。他和妈妈一起经历了一切，发现妈妈并不是天生强大，她也有怀疑、彷徨甚至无助的时候，最后她还是战胜了自己，这样的教化力量胜过万语千言。

相反，我们如果追究那些问题儿童的背景，几乎都有家庭的阴影。可以这样说，“问题儿童来自问题家庭”。所以，每次听到大学生给舍友投毒、弑杀母亲这样违背人伦的事情，我都会去想，这个人从孩童起肯定就有问题了，这样的人性恶不可能是天生的。

可怕的妈妈造就的一定不是身心健康的孩子。孩子就像家长的镜子，能照出妈妈的样子。有时候看到皮皮叉腰瞪眼，大声吼叫，我非常恐惧，这是不是我镜子里的可怕模样。所以，妈妈首先对自己的品行修养要有高要求，才能去要求孩子。我记得我在自己的电影《欢乐公主》中写过一首让妈妈和孩子换位思考的歌，孩子对妈妈唱着诉说心声：“如果我来当妈妈，孩子不会有麻烦，打碎饭碗不唠叨，划破衣服没废话，能学多少就多少，不会做的先放下，星期天带她去郊游，平时和她多说话……平时都是妈管我，今天我来说妈妈，别老说我是傻瓜，我的脑袋可是你给的，别老让我什么都会，自己整天看电视。顶着月亮当太阳，打着麻将混天黑。奉劝天下的好妈妈，要蹲下来和孩子说说话……”如果妈妈们都能换位思考，多从孩子的角度想想，多从自身找问题，天下就能少一些可怕的妈妈。

两个比赛场

皮皮五岁时参加了美国高考机构 ACT 在中国举办的“全国青少年实用英语大赛”，尽管她是幼儿组中班的孩子，依然凭实力打败了比她年龄大的所有同组别的小对手，获得了那次比赛的最好成绩——特别金奖。作为最高奖项，她的名字在颁奖活动的最后才被报出来。看到小朋友们纷纷欢天喜地跑去领奖，皮皮一直双手合十，忍着眼泪，祈祷着。当宣布她得到了特别金奖时，她像一只欢快的小鹿一样跑上舞台，几乎是从颁奖嘉宾的手中抢过奖杯的，而且抢到就跑。主持人拦下她，逗笑说：“你这么急着跑，是不是怕我们搞错了？”皮皮紧张极了，大声说：“没有错！”说完接着跑，全场观众都笑了。颁奖嘉宾赶紧把奖品平板电脑、证书等颁给她，她的小怀抱满满的，但是拿着再吃力也不肯撒手。做大人的难以想象，这样的荣誉对于孩子意味着什么！

时隔几年，八岁的皮皮又被学校推荐参加了“希望之星”英语比赛，同样是在组别中年龄较小，同样没参加任何培训，皮皮全靠自己拿到了北京赛区金奖、全国比赛二等奖。尽管在组委会和家长们看来，皮皮已经很棒了，但对于小小年纪就在中国、法国、英国、美国等拿

CCTV“希望之星”英语大赛北京赛区金奖

奖拿到手软的皮皮来说还是不满足，她竟然难过得哭了。她觉得自己应该是最好的那个才对，这样的心态让我十分忧虑。

比赛对于孩子的压力不言而喻。但是对于父母来说，压力才是最大的。所以，在我看来，所有的儿童赛事都有两个赛场，一个是孩子的，一个是家长的。在参加 ACT 实用英语比赛时，我们就被选手家长们“围攻”过，有人对皮皮的国籍提出质疑，认为外国孩子不能参加中国比赛，皮皮因为发音太“外国”，被当作了外国人。有好事的家长故意盘问她：“你会说中国话吗？”皮皮竟然用外国人的发音逗人家说：“一点点。”弄得我一通解释，还要跑到组委会验明正身。

再次参加比赛，更是被场外的赛场震撼了。虽说已经进入了半决赛，每个组别却还有近四百人，他们身后至少还有一名家长跟着。那个北京南郊平日无人问津的度假村一下子爆满。不仅如此，周边方圆数十里的酒店、农家院也是人满为患，生锈的水壶，布满灰尘的晾衣竿，千人抢饭的盛况，高得离谱的价格，被买空的超市，却没人能挑剔，这才是市场经济下真正的卖方市场。笔试那晚恰好下起了小雨，初夏的雨还是让人觉得透心凉。孩子们在屋内答题，往答题纸上涂着我都没怎么涂过的黑疙瘩，做着必须让计算机识别的高精尖的活。场外，大名鼎鼎的医生，外企的高管，政府官员，传媒大咖等精英们，别管多大的腕儿都在雨里站着，候着。彼此的攀谈内容更是围绕孩子的无尽话题，谈着谈着内心就不平静了，禁不住自责：我这个爹、娘当得是不是比人家差远了，我怎么就没有给孩子报这个班那个班的，我为什么没有能力把孩子送出去读两年书再回来？人家孩子有的我为什么没有能力给予。其实，赛场外的赛场也是异常激烈的比拼。

到了全国决赛，我更是感到了莫名的恐惧。南方某城市的老板们率领着亲友团，打着小旗，带着外教和化妆师，浩浩荡荡地来了。我惊讶于家长们是如何把庞大的制景搬运来的，还有那些精美的服装、道具。而这一切，只为了孩子“台上”的一分钟。皮皮穿戴平常，颜色是她偏爱的暗色，马上被好心的老师提醒：不够隆重。

孩子多，比赛也多，拉了三个月的小提琴，就会有人组织你到欧洲游学比赛，画了半年的画，名师们也能让你在大赛中小试身手，只要交够银子。比赛越来越“贵族”化，报名费、培训费、咨询费、服装费、道具费、游学费、外教费，有家长告诉我，一对一的辅导，花费十万、二十万的比比皆是。更让我瞠目结舌的是，好多小海归本身就曾在英国、美国读书，上幼儿园。有的就是涉外婚姻家庭，一半血统是外国的，母语本来就是英语，他们回国的目的应该是学中文。先不说人家来参加这些比赛图啥，没有强大的经济基础，那几乎是不可能的。

皮皮在“希望之星”英语比赛中没有缴纳任何培训费等多余的费用，连能和评委面对面的咨询费都没花，从这一点上说，她能获得北京赛区的金奖实属不易。然而，在全国总决赛时，尽管前两个环节皮皮一路领先，到了第三个环节，还是因为不付费而付出了代价。没有参加咨询，就没人告诉我们能查字典。皮皮爸爸是“科盲”，现成的手机软件也不会用，加上一些外地家长半夜到组委会抗议北京孩子成绩太好，结果皮皮吃了一些亏。孩子哭得令我们心痛，我也一直反思，是不是因为我们的不舍得？我们对高科技的陌生，使得皮皮在队友的拖累下，失去了宝贵的备场时间。总之，赛场之外，作为父母的我们始终在纠结，我们带着孩子一起拼，究竟该拼些什么？

比赛中遇到成百上千的孩子，只有一个令我难以忘记，那就是一个三年级的小女孩，一个人参加了所有赛程，取得了决赛的一等奖。我想，皮皮到了三年级也是难以做到的，这样的独立尽管是她在英国上学时获得的，但还是令我刮目相看。

小蜗牛快跑

有一幅漫画，把小孩比作小蜗牛，在妈妈的驱赶下，他艰难却努力地向前“跑”，头上有汗水，脸上有泪水。画中还有善意的提示：“我是小蜗牛，我没有大长腿，跑不了那么快，我背着重重的壳，根本跑不动。”然而，有几个妈妈愿意把自己的孩子看成小蜗牛呢？

在我们的影片《洋妞到我家》中也诠释了现代人的一些现代病。徐帆扮演的妈妈的口头禅“快，快，快！”当然也是我的口头禅，也是不少当代人的写照。在这样的催促下，女儿皮皮成了班里有名的“小蘑菇”，放学总是最后一个收好书包，最后一个走出教室，考试题目明明都会做，却常常做不完。逼急了，她就上火，焦虑，在我们面前大口喘着粗气，样子十分吓人。我何尝不懂得小孩子被逼急了会逆反的道理？可是，看到别的小蜗牛都奔跑起来时，怎么能看着自己的“这一个”还慢慢地爬呢？

中国发展的速度是惊人的，从赶马车的时代出发，直接坐上火箭了，省略了西方数百年的磨合。然而，这样的发展也付出了巨大的代价。人的精神极度紧张，如同穿上了红舞鞋，忙着赶着，再好的日子，也难以得到内心真正的安宁。在这样的氛围下，孩子也是激烈竞争中被裹挟着向前的。

上学得早起，晚上尽量不要太晚睡，各种课外班的赶场，加上“快”才能完成的作业，速度几乎成了中国孩子的生命。为了让皮皮把口算的速度提高上去，我像一个巫婆，举着手机的时间电子屏吼叫着：“快！”为了让皮皮的跳绳、跑步能够达标，我如同一个疯子，攥着秒表大叫：“快！一百个人都超过你了！”为了让孩子能够写字再快些，女儿多疲惫都让她每天写一篇日记，日记要计时完成。我把女儿弄得像个陀螺，自己则举着抽打陀螺的鞭子，每抽一下，我都会心疼得落泪。可是，我的背后又有多少条鞭子呢？我在快要窒息的状态下靠“吸氧”活着，皮皮学业的进步，比赛的战绩都是我的“氧气”。

医生说，孩子鼻子堵、嗓子疼、动不动便秘，有一半是来源于压力，这压力除了我们做家长给的、学校的课业分量，还有来自孩子自身的。皮皮回到家常常对我说起学校的“怪事”，有同学能够用计算机打字而且是盲打，有同学每个课间都练字，那些字复杂极了，笔画多得根本记不住，还有些孩子已经能做奇怪的数学题了。我只得告诉孩子，这就是中国速度，他们干的事都不是这个年龄该干的，可是他们提前做到了。其实，每个人都有过人之处，拿出自己的优势，坚持下来，就算是一只小蜗牛，也得做一只急速蜗牛。

每天我都在提醒着皮皮：“小蜗牛，快跑！”提示多了不但不管用，还让皮皮更加反感。无奈之下我又拿出另一套方法，手段近乎恐吓。我会告诉皮皮，如果地震了、海啸了、起火了……总之，谁跑得快谁能活下来，我把灾难形容得异常可怕，我们都在逃生的队列里，这时候，“小蜗牛”才真的快起来。有时，我也会给她讲“劳心者治人，劳力者治于人”“知识改变命运”的道理，这个“游戏”玩久了，皮皮也麻木了，又恢复了“小蜗牛”的常态。

比我更有办法的是皮皮爸爸，皮皮爸爸带皮皮看了一部叫作《疯狂动物城》的电影，电影中有夸张的树懒，做事几乎都是慢动作，讽刺的是动物城政府的办事效率。有个树懒的名字竟然叫“闪电”，“闪电”有时候也能如闪电。皮皮喜欢这个动画片，也喜欢做“闪电”，只要爸爸一叫“闪电”，皮皮就风一样地跑过来，竟然不拖沓。做作业的时候，皮皮爸爸也会故作吃惊地叫着：“闪电，怎么做到的，这么闪电！”我惊讶于这个“封号”的力量，也似乎读懂了孩子最想要什么。

如果十几岁的孩子告诉你想退休

朋友的女儿妞妞，从小就是个小明星，唱歌跳舞钢琴样样精通，才艺比赛获个大奖如家常便饭。她从五岁起就出了很多张个人专辑，在电视台主持节目，参加演出，出席大型活动，忙得不亦乐乎。不仅如此，妞妞还特别懂事，有超越年龄的成熟，淑女般高贵典雅的气质，常常让人感叹，养女当养妞妞。最让人羡慕和惊讶的是，妞妞十七岁的时候，就被世界名校——耶鲁大学全额奖学金录取，连回国探亲都管报销。就是这样一个人见人爱、花见花开、风光无限的小姑娘却在有一天哭着告诉她妈妈，她真的好想退休。她希望能在一个安静的小镇上过最平常的日子，哪怕就靠给孩子们教教钢琴为生。妞妞的话让她的父母、亲朋们大跌眼镜。

后来，我在我的电影《洋妞到我家》中穿插了这样一个辅线人物，一个小歌星，精通几门外语，功课门门优秀，事业如日中天，小小年纪就被世界几所名校争抢，正值春风得意。可是，当有一天，她躲开狂热的粉丝、喧嚣的舞台，卸下美丽夸张的妆容，禁不住哭着说：“妈妈，我好累，我只想到一个安静的小镇，读读书，教教钢琴，我想要这样的人生，对不起，我让你失望了……”这段戏被演女儿的丫丫和演妈妈的邬倩倩演得催人泪下，也让剧中的妈妈徐帆感慨万分，一时诧异：正在追着赶着走的路哪里出错了？

生活中的妞妞就是个乖乖女，乖到让人心疼。一起出门吃饭，大人们聊天，等待上菜，她就拿出书本学习，分秒必争，她读书的样子像一朵安静的小花，默默绽放。面对赞美，她也显得那么淡定，简直不像个小孩子。电影是艺术，少不了艺术加工，影片中的小明星多了几分世俗味道，当记者采访问到，你怎么做到精通几门外语，唱歌跳舞出专辑都不耽误时，她特别成人地回答："我只不过把别人喝咖啡的时间用在学习上了。"扮演记者的新加坡演员李明顺应和着："这好像是鲁迅先生说过的吧？"让这段戏立即充满了喜感。

十七岁的孩子想退休，让很多人反思：我们的教育怎么了？但是，看别人的故事特别明白的妈妈们，也包括我这个还写故事的妈妈，也常常陷入自己的误区。妈妈都是贪心的，希望孩子哪个方面都是一流的，对于很多孩子来说，这就是压力，越是好孩子，抵抗压力的能力越差。

妞妞的妈妈给我讲过一个故事：有一次学校要搞演讲比赛，妞妞轻描淡写地跟妈妈说了这件事，马上调动了妈妈的神经。妈妈张罗着准备给妞妞买书，可是买哪方面的呢？妈妈问妞妞，妞妞说老师没说。于是妈妈便按着自己的想法去给妞妞选购资料书。第二天妞妞放学回来告诉妈妈，她选的故事不行，并把一张纸条交给妈妈，说这是老师的要求，要求讲英雄的故事。妈妈追问妞妞，昨天为什么说没有，为什么现在才给妈妈看这个纸条，妞妞强词夺理地说："这是去年的要求，今年和去年是一样的，我想你就不用看了。"

看着妞妞的样子，妈妈就知道她在说谎，又急又气，啪地给了女儿一耳光！妞妞哇地哭起来，哭得喘不上气来。到后来，妞妞终于承认自己说了谎话，她哭着说，她不想告诉妈妈老师的要求，是怕妈妈又给她认真准备，盼望着她演讲比赛又能够拿个冠军回来，她觉得压力很大。听到孩子这样说，妈妈也哭了，母女抱在一起哭，妈妈觉得那次的母女冲突让她挺震惊的——孩子撒谎竟然出于妈妈的压力。

那么我的教育是不是正走入自己的误区？皮皮从小就主演电影，获了很多奖，英文水平远远超过同龄孩子，表演更是以自然大方著称。她希望自己永远是最好的那一个，所以，没有拿到最高奖，不是一百分，她都会不开心，甚至是号啕大哭，这要失去多少快乐呀！我一边劝慰孩子，一边检查自己。我是不是在她得志之时过于兴奋，是不是在她失利之后太多抱怨？什么时候自己真的放下，才能要求孩子放下。于是，我试着对女儿的一百分视而不见，她要奖励时就告诉她，那是给你自己学的，本事长在你身上了，为啥向我要奖励！考砸了，我也不多询问，只盯着她改正错误，做到下次不再犯同样的错即可，这样下来，孩子倒也把“争先恐后”这件事看淡了，成绩反而能稳定下来了。

实际上，最怕的就是孩子厌学乃至厌世，最怕她哪天告诉我，她也想退休了！

琴童 7

皮皮大概是在五岁时开始学习钢琴的，动因是大家都在学。还有一个原因是她总是用一只手做事，看上去很不协调，我担心她左脑和右脑会发育不平衡。总之，没有让她成为钢琴家的奢望，也没有期待她钢琴能考过多少级。虽然我的心态已经足够放松，但是，孩子对于学钢琴的抵触还是让我始料未及。只要听到说钢琴老师要来，皮皮就会迅速地藏起来，有时我是从床下把她拖出来的，有时要从窗帘后面把她拽出来。有一次，里里外外全找遍了，还是没有找到，最后发现她竟然蜷缩在钢琴底下，一副委屈的样子让人急不得恼不得。每次让她练琴更是一场攻心战。她常常歪着脑袋，挑衅般地看着我说："别总说我这个不好那个不对，你给我弹一个呀！"这个小人精知道我不会弹琴，成心气我。

都说兴趣是最好的老师，还是有些道理的。无论老师怎样软硬兼施，她都是滴水不进，把老师逼急了，耐心不够用时，就更是恶性循环了。她每次上课都得哭上一场，让我都开始怀疑在钢琴上下如此功夫究竟是不是一个错误的选择。和琴童的妈妈们聊天，几乎没有一个琴童是爱弹琴的，只是反抗的程度不同而已。朋友的孩子威胁妈妈说要把钢琴砸掉，才让妈妈罢手。不少朋友家的钢琴都变成了摆设。

如何让皮皮坚持下来，不至于每次的学习都剑拔弩张？我和皮皮爸爸商量后，决定专门邀请皮皮喜欢的小姐姐们到家里做客，她们个个都是钢琴高手。每当她们陶醉地坐在钢琴旁让美妙的音乐从指尖流出时，皮皮还是会被深深吸引，目光里充满了崇拜。我也会给她讲一些音乐家的故事，让她用心倾听世界名曲。有一次，钢琴老师所在的学校要主办一次钢琴秀，想邀请小演员皮皮作为特约演奏嘉宾，我鼓足勇气答应了，然后用了一个星期的时间去做皮皮的思想工作。

演出前的一周，皮皮竟然主动练琴了，因为她不想丢脸。让我惊讶的是，从“弹棉花”到弹出音色美，真是一墙之隔。就因为那次作为嘉宾演奏，她勤奋了一个星期，把《欢乐颂》和《婚礼进行曲》等几个曲子弹得滚瓜烂熟，两年的学习，好像只在这一周里发生了质的飞跃。

皮皮在钢琴演奏会上担任嘉宾演出

演出当天，皮皮穿着白色纱裙，头上戴着花冠，宛若一个美丽的小仙子。小选手们都赞美她，纷纷围绕着她。皮皮本来就有点“人来疯”，遇到这样的场景更加忘乎所以。轮到她上场时，大屏幕先播放了她的一段电影片花，她生动的表演先声夺人，赢得了一片热烈的掌声。然后，灯光突然亮了，聚光灯很梦幻，她真的是为舞台而生，很压得住台面，她静静地站在那儿，甜美地微笑着，有模有样地向大家行了公主礼，然后端着架子坐在钢琴旁，深深吸口气，开始演奏，一招一式都显得特别专业。

皮皮那一次真是超水平发挥，赚足了面子，我不知这算不算是揠苗助长，但是，那次的嘉宾演出，的确可以称为皮皮钢琴学习的里程碑。从此，皮皮弹琴再也没有那么难过了，甚至有时还很享受。

朋友的女儿芊芊学琴的经历就更有趣了，先学钢琴，和皮皮一样深恶痛绝，转而改学小提琴，三个多月枯燥的拉锯一样地拉曲子，几乎看不到希望，差点再次放弃。她的妈妈也是费尽脑筋想办法。先跑到小商品市场买了不少贴画、布偶，花花绿绿的一堆放在老师那里做奖品，再跑去制作公司学习音乐软件应用，孩子不太美妙的琴音在妈妈的美化下竟然越来越好听了，孩子也因此越来越自信。更有趣的是，学琴半年，芊芊妈妈利用假期带孩子出门游学，除了聆听国外乐团老师的授课外，还让女儿在巴黎街头“卖艺”，当然，妈妈事先买通了不少游客往女儿身边的帽子里扔钱。女儿挣到钱，兴奋极了，特别刻苦地练习，想给自己的过路粉丝们带来惊喜。芊芊的妈妈也获得了极大的成就感。

如今，孩子不会一两件乐器你都不好意思和人家聊天，既然免不了这份俗，就多想想激励孩子的办法吧！

舞蹈课

皮皮从一年级就被学校选拔进入了金帆舞蹈团。舞蹈团的孩子实行淘汰制，跳得不好、考核不及格、不能坚持排练的都会被淘汰。舞蹈课并不是想象中的歌舞升平，大部分时间都是在练习基本功。老师非常严苛，下腰、横叉、竖叉，提高柔韧度，有的孩子一边哭一边练。还有枯燥的节奏训练，几个小时跳下来，浑身上下又酸又疼，加上应试教育下越来越多的作业，很多吃不起苦的孩子就放弃了。但是，我的女儿皮皮却主动选择了坚持。她告诉我说：她热爱舞蹈，跳舞的时候，她觉得自己像个小仙女。她期待着有一天，能在舞台上尽情地跳舞。

皮皮的回答让我感到诧异。她从来没有缺少过上舞台的机会呀！满世界地拿奖，在央视的舞台上她也有过很多展示的机会，而且她都是作为主角，站在舞台的中央。有一次，她和蓝天幼儿园舞蹈队的孩子们配合演出，她基本没有排练时间。然而，把她往舞台上一放，她跟着节拍翩翩起舞，动作都是现编的，丝毫看不出没有预排，此事一直被大家津津乐道。

皮皮所在的金帆舞蹈团预备班唯一的一次大型活动竟然是当助场

群演，说实在点就是举着荧光棒，打着小旗帮人家舞台上的演员营造气氛，当组织好的“托儿”。节目一录就是七八个小时，我们这些家长也得跟着受累。但是，皮皮却很兴奋，整个录制过程中，都充满热情，一直喊到嗓子哑了，跳到精疲力竭。

回到家，她仍沉浸在兴奋中，把自己当群演挣到的一张参观券和几张海报视为珍宝，让我哭笑不得。我也试着和她做了点沟通，问她为什么这么看重舞蹈团。我提醒她说，你跳得再好，即使升入表演班也是大群舞呀，谁会关注到你呢？就像今天，你在台下跟着喊叫，跟着跳得那么起劲，可是镜头里根本找不到你。没有想到女儿却说：“妈妈，你总想着当主角，人人都像你这么想，谁当配角呢？我和小伙伴们在一起可以组合成鲜花和图案，可以组合成太阳和星星，我们一起跳踢踏舞的时候，整个排练室都被震得摇晃起来，特别有气势。我一个人怎么能做到呢？再说今天的助演，因为有我们，那些姐姐才跳得更来劲，我们就像比赛场上的小美女啦啦队，我们很重要呀！”我被女儿说得有点脸红。

舞蹈团的合作精神、团队意识，孩子们在一起的奋斗、比拼，对于皮皮来说都是宝贵的财富，她认为参与其中已经获得了快乐，她并不在乎自己站在哪里，而是在乎自己能贡献出什么，在这样的奉献中她能感到自己的价值。当我们用大人世俗的眼光和功利的心态去看待时，是理解不了的。由此，我也接受了舞蹈一流棒的皮皮爸爸不肯教自己女儿的事实，他总是说，舞蹈不是一个人的，在舞蹈中练就的是和谐，是团结和友爱。

老师介绍说，舞蹈班的孩子都很辛苦，为了训练和演出，常常趴在排练厅或者是后台完成作业，如果演出占用了课堂时间，更是要加班加点地补课，所以舞蹈班的孩子不但舞蹈好，还大都是班里的学霸，因为他们必须学会争分夺秒，学会在各种间隙中挤出时间。

让皮皮上舞蹈课的初衷其实就是想让她通过系统的训练使得身材匀称，不要早早地被大书包压弯了背。还有就是想培养她的气质，跳舞的女孩长大后都显得气质高雅，体态傲人，却没有想到孩子得到的远远不止这些。

为了鼓励皮皮，我在网上为她购买了傣族的表演服加上朋友从新疆带给她的民族服装、彝族服饰，皮皮的装备真是不少了。每当来客人，她就喜欢把自己扮上，然后跟着音乐快乐地舞蹈，得到掌声和赞美，她乐此不疲，我们也是引以为荣，所以，尽管苦、累，皮皮仍然坚持着。

让我欣慰的是，皮皮每天睡觉前都主动练功，仰卧起坐、踢腿、下腰，婴儿肥慢慢消失了，她还学会了节制，再好吃的东西，也不会暴饮暴食。最让我难忘的是皮皮二年级考试前的一周，她每天都是压着腿、下着叉、手里擎着书完成预习背诵作业的，她告诉我，这样可以节省时间。

舞蹈带给孩子的是活力和自信，是自觉和节制，是集体荣誉和团队精神，是挺拔的身材和健康的心理，这不正是我们所需要的吗？

学游泳

不久前，豪华邮轮上一位女士的传奇经历让人们对游泳的重要性有了更刻骨铭心的认知。一位喜欢冒险的女士深夜在豪华邮轮的甲板上远眺静思，不知是不是有什么索命勾魂的海洋尤物吸引了她，她竟然失足掉进深海无人知晓。幸好这位女士是游泳健将，在海上漂游了整整四天，才被一艘渔船救起。在搜救过程中，她的家人几乎放弃了希望，连她的父母接到她电话的一刹那都不敢相信女儿生还的奇迹。这样的故事被包装炒作后，“学游泳”在家长们看来更加重要了，对于爸爸妈妈们来说，学游泳不仅仅是学习一种技能，简直就是关乎生命安全的生存必修课。

各种游泳培训班永远不会愁生源。假期里，即使是被通报尿素超标的泳池也人满为患。教练的价格更是一路飙升，如果一对一上小课，即使你的孩子足够聪明，没有个万八千的也是学不下来的。

在各种学习压力下，游泳课见缝插针已经很难。最头疼的是，北京游泳馆的水质、水温让不少孩子每下一次水，就犯一次鼻炎，影响正常的学习。对于不少孩子，游泳是想学却学不成的一门课，皮皮就是这种情况。

为了让皮皮学会游泳，我在一个黄金假期专门带着皮皮飞到海南三亚，可谓是煞费苦心。去之前，我就在网上把奥运会上两位跳水女皇的视频给皮皮播放了几遍，那优美的体操表演一般的高台跳水动作让皮皮叹为观止，两位跳水女皇的人生传奇更让皮皮有了童话一般的想象。到了三亚，我直接把“电视秀”做成了“真人秀”，先是皮皮爸爸表演了自由泳、仰泳、蝶泳等不同的泳姿，已经让皮皮看得两眼放光，等到美国的丽萨姐姐上阵，水中倒立、水上芭蕾、水下前滚翻，直接把皮皮看傻了。通过这样的言传身教，皮皮从害怕水到心向往之，主动脱下了救生圈。让我没有想到的是，皮皮那么快就把崇拜化作了动力，不到半天，皮皮就从一个“旱鸭子”变成了美人鱼。

当然，教授的过程还是需要充满耐心和智慧的，这一点皮皮爸爸和丽萨姐姐配合得很好。皮皮开始下水时连泳镜都不喜欢戴，也十分

皮皮和美国姐姐丽萨在三亚

抗拒把头放进水中，更谈不上憋气和换气了。两位“教练”不断地鼓励她，增强她的信心，从两秒到十秒，到半分钟，当皮皮把头埋入水中并不断刷新纪录时，我们给予了热情的鼓励。很快，皮皮就学会换气了，然后就跟在爸爸和姐姐的身旁开始真正地游泳了。整个过程，我们一直大呼小叫，夸张地赞美她。皮皮爸爸还和女儿演起了美人鱼的情景剧。在剧中，皮皮是著名的人鱼公主爱丽儿。皮皮爸爸作为老龙王把一项“十分重要的任务”交给人鱼公主，请人鱼公主到水下找到那根有魔力的手杖。

在群山环抱中、绿树鲜花的掩映下，明晃晃的泳池如仙境中的一潭秀水。不时会有蝴蝶飞过，鸟儿在树枝上唱歌。在这样的美景中，人入画、画入心，丝毫不会有游泳课的紧张。适度的水温、清澈见底的水质，尤其是事先注入的兴趣让皮皮学游泳的过程充满诗情画意。

海南六天，离开的那日，皮皮已经如一条自由自在的鱼儿一样快乐地游来游去了。她甚至和丽萨姐姐排练了水中双人芭蕾秀。一会儿像轻轻掠过水面的一对蝴蝶，一会儿如两只潜水的小青蛙。两人在水中跳跃、转动、潜水，有的动作还颇有几分难度。

如今，皮皮好期待游泳课，期待能够在同学们面前炫一炫。从不会游到游得不错，只用了短短几天。我很想分享皮皮学游泳的秘籍，那就是，别让孩子把学游泳看成一门课，也不一定要选择一对一“钱砸”的方式。六天，在所谓的正规训练中，也许连水都没让下呢，全在岸上“收翻蹬夹”的教练口令中重复枯燥的泳姿呢！其实，把孩子带到大自然的怀抱里，让一切都美好惬意起来，游泳的技能就能够被唤醒。哪个孩子在出世之前不是浸泡在母亲的羊水中呢？孩子本来就会游泳呀！其次，就是把游泳运动健将们介绍给孩子，要知道榜样的力量是无穷的。当然，因为怀揣绝技、水性超好而大难不死的真实段子也需要多讲一讲，让孩子了解这项技能的重要作用。如果爸爸妈妈能够亲自教授孩子，那就更靠谱了。无疑，在亲子培训过程中，父母和孩子的互动是亲情的完美表达，是孩子成长中最好的助力。

有益的错误

我不知道该怎样翻译才对，“Good mistakes”字面上的意思是“好的错误”。对于孩子来说，的确有些错误是好的。而这个问题，直到女儿因为忘记在英文试卷上写名字被扣了五分后，我才开始思考的。

一天，在英文上一向有优势的女儿考试回来却垂头丧气。我发现她的试卷干净整齐，而且全部正确，只是因为忘记写名字而被老师扣了五分。起初的感觉极不舒服，这么完美的卷面，不就少个名字吗？老师提示一下不就好了？干吗弄得孩子这么伤心？

尽管皮皮没有得到满分，我还是按照承诺奖励了皮皮的小老师——澳大利亚的小姐姐瑞秋，不写名字毕竟不是人家的错误，这让皮皮更加难过。尽管我对皮皮说过无数次，分数并不是一件重要的事，但要强的皮皮好像还是过不了这个坎儿。小姐姐瑞秋的态度却像天上掉下了一件大好事，这件事绝对和她得到的奖励无关。她充满诚意地对皮皮说：“这是一个有益的错误，要知道这仅仅是一次小小的测验而已，但如果是一次决定你命运的考试，那就太糟糕了。那可是零分。”瑞秋说，在澳大利亚的学校如果发生这样的情况，老师通常会拿着试卷问：“这么漂亮的卷子为什么没有主人？”被认领后，老师会告诉学生如果是关键的考试会有多严重的后果，老师是不会扣分的，鼓励和提醒是澳大利亚老师们遵循的规则。

既然是有益的错误，那么一定得好好“享受”它一下。一个晚上，瑞秋都带着皮皮去想象这个有益的错误对今后的影响：假设皮皮当了飞行员，绝对不会看错一个数据，不会把整个飞机上的人都带入大海里喂鲨鱼；假如皮皮成了药剂师，绝对不会弄错了药量，把病人吃坏；假如皮皮当了演员或者主持人什么的，根本不可能发生说错台词的事情，把自己晾在舞台上。或许皮皮能成为外交家，绝对不会弄混概念。当然，如果像瑞秋一样学法律，就更要严谨了，每个词都是呈堂证供，万不能出错的。所以，如果从今天起，从忘记名字这件小事上看，皮皮没有失去什么，五分而已，但是如果养成马虎的坏习惯，那可就麻烦了。懂得了这些道理，岂不是“有益的错误”？简直可以叫作“美丽的错误”了！

皮皮和澳大利亚的瑞秋姐姐

瑞秋的教育方式让我感到十分羞愧，尽管我反复强调，不要太看重分数，但是当看到老师提示的优秀率范围时我也会情不自禁地焦虑，人家的孩子怎么就能满分？孩子有压力，我这个家长何曾真正放下过？于是，所有的错误都是错误，不仅需要改正，还要严肃批评。对于我和孩子，这个过程就如小刀划伤皮肤一般疼痛，到后来，大家都要慢慢去适应，然后呢，会变得麻木起来。我明显感受到考试对于孩子产生的影响：考了好成绩会兴高采烈，考得不理想就小心翼翼，甚至撒谎说没有带回要签字的试卷。这不得不让我思考一个问题，我这个受过高等教育的人怎么就没有去辩证地分析事物呢？我们常常习惯于说“这太糟糕了”，却不会换个角度说，这太有意义了，它可以防微杜渐。

当晚，皮皮在日记中写了这件事：“我在考试中因为没写名字被扣了五分，我非常伤心地告诉妈妈，妈妈说，这真是一件糟糕的事，可是姐姐却说这个错误发生在当下比发生在以后要好很多，这提示着你，未来不会犯这样的错误，所以这是一件好事，是有益的错误。”我的翻译水平有限，但是我能读到女儿的成长，女儿因为这件事的变化。

从那以后，我和女儿之间也有了一些貌似深刻的探讨，比如：月亮是不是一定在圆的时候才最美；阳光灿烂和阴雨绵绵是不是各有风韵；生活如果一直在追求完美岂不是太累；如果能领略不同风景、不同滋味，哪怕是苦涩中的甜美也是人生的收获；等等。我们心中都怀着单纯的向往，但我们又不得不活在复杂的环境里，如果不能让自己的“错误”乃至他人的错误都“美”起来，那得活得多么艰难！

童言无忌但有理

皮皮从小就表现出了超常的语言天赋，时不时会冒出两句让我们惊讶不已的话，像个小小哲学家。她第一次开金口说整句子才一岁零两个月。那一天，我和她爸爸都答应带她出去玩。可是一忙，两个人全都忘了。皮皮在一边转来转去，突然大声问："你们到底谁带我出去玩呀？" 那是一句完整清晰的表达，我和她爸爸都怔住了。稍大些，她更是"句句有理"："你没有见过不等于不存在！""这不是我要的人生！""你不可能不当我妈妈，你生了我就是我妈妈，这是无法改变的。""我们每天都走在死亡的路上，所以要珍惜每一天。""你写多少不是关键，人家大诗人就四行诗句，但能成传世之作。"我们几乎是不开电视机的家庭，真不知道她的"格言""警句"是从哪里学来的。

有一次，皮皮很认真地对我说："妈妈，我想和你谈谈。"谈什么呢？我不经意地坐下，看着她拿出了两把尺子。一把是有柔韧性的，怎么也折不断，另外一把是普通的量尺。皮皮说："妈妈，你总爱发脾气，每次都气到自己头疼恶心，你看，你就像这把尺子，一掰就断。可是，你为什么不做一把能够随便弯曲，却不会把自己折断的尺子呢？那样是不是对你自己和对我们都好呢？" 天哪，那一刻，我简直惊呆了，这是一个七岁孩子的语言吗？她的情商真是超出我的想象。

因为生活压力大，我和她爸爸免不了要吵几句，有时，话赶话就变得剑拔弩张，根本就谈不上风度了。最激烈的一次，我把一个饭碗摔掉了。啪的一声响后，瓷片飞出，差点扎到孩子。我其实很后悔，却也不想就此罢休。没想到皮皮大喝一声：“你们别吵了！”时间凝固了几秒，我真害怕吓到孩子。没想到，接下来不是她的哭闹，她竟然要给我们上课。她冷静地说：“你们都只看到自己，也许能看到对方的一点点，但是你们看不到你们两个，你们一起的全部情况，所以，请不要忽视我，别把我当小孩，请听听我的意见。”

我和她爸爸都看向女儿，真的惊呆了！与此同时，我们也感到脸红，我们真的不如一个孩子吗？皮皮的眼睛看到的是真实和客观，然而，对于她这个年龄，不需要去评判爸爸妈妈谁是对的，而是要知道爸爸妈妈有没有克制自己情绪的能力和掌控事态发展的本领。也许我们的行为严重伤害了她的情感，可能对她的成长已经造成了极其恶劣的影响。我们争个谁对谁错又有什么意义呢？

“休战”之后，在皮皮的监督下，皮皮爸爸做了深刻检讨。皮皮专门拿了一顶礼帽给爸爸，请他向我行脱帽礼，还给我配了一把雨伞，像英国淑女一样擎着雨伞接受道歉，并保证不再乱发脾气。她还很严肃地让我们站在一起，犹如神父一般向我们提问。“是你自己选择了他做丈夫吗？是你选择了她做老婆吗？”她分别指着我们两人问。我和皮皮爸爸的怒气、怨气早已烟消云散，配合着她演起戏来。皮皮得到了肯定的答案后，夸张地俏皮地说：“自己选的，那就别打了，不满意也活该！”熊孩子真把我们气乐了，想想也是有道理的呀。孩子如同我们的润滑剂，就这样用戏剧的方式将我们的矛盾轻松化解了！

孩子的成长倒逼着我们的进步，虽然我们上了点年纪，但是，不得不追着她跑，唯恐被她落下太远。有一次，皮皮突然问我："妈妈，你为什么不打扮自己呢？你为什么不能像我们班同学的妈妈那样优雅呢？我喜欢同学的妈妈，她穿着红裙子和高跟鞋，还烫着大卷发，真的挺美的。"有时，皮皮看着我凸起的肚腩，不满意地说，妈妈简直像一个大鸭梨，肚子太难看了。我一开始真的有些生气。告诉她，生她之前，我的身材是多么魔鬼，都是被她这个硕婴撑大的。我还生气地说："哪儿有挑剔自己妈妈的？自古以来，子不嫌母丑，狗不嫌家贫。"对于这样的回答，她还是不满意，她会不屑地抢白："那我说的那个同学的妈妈也是妈妈呀，人家肚子里也放过娃娃呀！"我有时会不耐烦，告诉她：人家妈妈不上班，有人家爸爸养着，她有空去健身，去美容，你妈不行。每到这时，她就会说，那你不用管我那么多，你去健身、美容吧，我想我的妈妈更漂亮。

孩子已经有了审美观，并开始关注最亲近的人的仪表妆容了。我和她爸爸的穿戴她都会评价一番。好吧，女为悦己者容，我为女儿容。女儿说的是实话，也提醒我时刻不能放松自己，尽量让自己完美。尽管很累，但我还是努力吧，看着正在成长的女儿，我也要努力让自己的暮年来得晚一些，努力让自己的知识储备再丰富一点，只有这样，我们才能在女儿的赛场上为她保驾护航。

珍贵的礼物

我在西安国际电影节担任评委时，组委会给我们每个人都配了一名外语专业的西安学生做助理，担任翻译工作并照顾我们的生活。这些孩子个个聪明伶俐，我的小助理丹丹尤其让人怜爱。评委中有意大利基金会主席，有美国制作人，有克罗地亚的导演和《欧洲时报》的代表，所以，在我们的日常交流与探讨中，小助理丹丹发挥了极大的作用。通过她的口译，我们对参赛影片有了更多的文化交流和艺术探讨，这也让我对身边这位看似不起眼的小姑娘刮目相看。

在西安的几天我都被丹丹悉心照顾着。早晨，她早早就等在我的门口接我去开会，晚上工作结束她都是坚持把我送到房间门口才离开。我们走红毯参加开幕闭幕典礼，都是穿晚礼服上场，她怕我出来冷，就一直在外边举着我的衣服候着。她总是一溜小跑地做事，从来都是一脸笑容，即使是来不及吃饭，和同学挤在一张床上，当个一分钱没有的志愿者。

在分别的那一天，她拿着一个漂亮的小本子来送我，精致的包装和精美的提袋，一看就用了不少心思。她说，她在网上看了我女儿皮皮主演的《洋妞到我家》，超级喜欢皮皮，想送一个小礼物给皮皮，让我告诉皮皮，以后做她的“铁杆粉皮儿”。我只是觉得这个姑娘好有心，就多问了几句，却不想，随意和她聊几句，竟然把她给聊哭了。

丹丹的身世有点像一部苦情电影。她的妈妈因为彩礼被“卖”给了一个混世魔王，连混世魔王的爹都想欺负她的妈妈。那个时候，她的妈妈已经有了两个孩子，一儿一女，也是丹丹从未谋面的哥哥姐姐。丹丹说，她的妈妈几乎是咬碎了牙齿才决定舍弃孩子逃跑，离开那个每天都要挨打的地狱一般的家。后来，丹丹的妈妈改嫁给了一位老实的农民，也就是丹丹的爸爸，后来就有了丹丹和弟弟。

生活的贫困让她的妈妈变得无比强大。丹丹说，在她眼睛里，妈妈除了不识字，没有什么不会的。她妈妈是村子里有名的“豆腐西施”。她从小就跟着妈妈卖豆腐脑，手工做豆花。看着妈妈从自行车换成三轮摩托，她打心眼里崇拜妈妈。丹丹说，那个时候，她或者成为同学们嘲笑的对象，或者被别人父母拿来给孩子做苦难教育的榜样。她曾经在瓢泼大雨中艰难地护着一车豆腐，车轮陷入泥潭，豆腐也全毁了。那一刻，她站在大雨里，以为自己就要被淹死了。

丹丹尽量平静地说着自己的故事，看到我难受，不忍心再讲。但是，我却被她的经历打动了，非常想了解这个姑娘靠什么坚持读书，读到了研究生，而且学的是外语专业。丹丹抹了一把眼泪告诉我说，贫苦不可能有幸福可言，她的爸爸妈妈经常吵架，只要他们吵架她就拿起书读，奇怪的是，只要一读书，她完全可以屏蔽一切。丹丹以优异的成绩考上了河北当地最好的中学，可是，就因为十几元学费和几元钱路费，她无缘进入那所学校，只能在村子里的中学继续读书。丹丹回忆说，那一天，下着大雪，丹丹的妈妈跪在雪地上，恳求孩子的谅解，她和妈妈在雪地上抱头痛哭。后来，丹丹爸爸为了家也去建筑工地打工了，什么危险做什么，只要钱多。所以，丹丹发誓，要用所有的时间读书学习，让知识改变她和家庭的命运。

丹丹显然没有皮皮的语言环境，没有外教，但是，她的翻译从容熟练，让外宾们也很满意，她是怎么做到的呢？丹丹告诉我，她有个宝贝一样的收音机，她每天坚持听英语新闻、英语节目，大量背单词……总之，她肯吃苦。她骄傲地告诉我，她边上学边打工，去年在上海，一个假期就挣够了两年的学费。每次回到河北老家，她都顺带开个辅导班，把路费挣出来。她刚刚还给妈妈买了一部智能手机，这样，她和妈妈每个晚上都能视频聊天了。现在，她的目标是和爸爸妈妈一起努力，给弟弟买房娶媳妇。丹丹说，现在离目标越来越近了，特别有成就感。她悄悄告诉我说："我觉得是逝去的爷爷奶奶在庇护我们，苦的时候，我们天天吃酱油拌饭，只有一点菜和肉都要留给老人，这是孝顺孩子得到的护佑。"我看到笑容重新回到了丹丹的脸上。

看着我手里回北京的机票，丹丹有几分向往。当年她妈妈在艰难的情境下丢下的姐姐如今就在北京，她们上个月还通了电话。丹丹说，她的姐姐在电话另一端一直哭着说："你比我幸运，你有妈妈，我从来没有。"丹丹说，如果有机会去北京，她要去看看自己的姐姐。

一个靠卖豆腐脑读书长大的孩子，每天的口算是在实战中练就的，一毛一毛，她对数的概念再清楚不过。当我听完这个故事，我觉得手里的礼品袋沉甸甸的。这对于一个省吃俭用的孩子来说，的确是一份大礼。

当我把丹丹的故事和礼物转给皮皮时，皮皮第一时间给丹丹发了微信，她说：这真是一份珍贵的礼物，我会好好保存，用它好好学习。那天，皮皮收藏了漂亮的本子，拿起了单词书，格外认真地背起来。

宝贵的财富

该给孩子留下什么财富，一定是家长们困扰的话题。美国FACEBOOK 创始人扎克伯格和华裔妻子在得到了一位小公主后，决定捐出数百亿，他们不是想着怎样给刚出世的孩子储备钱财，而是在得到他们期待的女儿后以捐赠的形式向这个世界感恩。他的做法引起了网民们的一片热议，但无论怎样的声音，理解的与不理解的人都对小扎充满了敬意。他给女儿留下的财富显然不是金钱，而是感恩之心、仁爱之心，是精神上的一笔巨大财富。

在很多发达国家，如果满了十八岁还向家里伸手，一定会被人嘲笑，为人所不齿。皮皮的澳大利亚姐姐瑞秋的几个大学同窗，随意开玩笑的一个创意——贩卖澳大利亚的新鲜空气，却得到了意想不到的收获，中国客户越来越多，钱也越来越多。说起来是随意的玩笑，但是如果没有自我独立的意识，也不可能有这样的结果。

中国家庭却不同，中国人一般都会举全家之力为孩子积攒金钱和人脉。上学、毕业、嫁娶，哪一样也少不了父母的帮衬，甚至是爷爷奶奶的资助。很少有孩子感觉到生活的压力和自我独立的紧迫感。然而，除了钱财，家长还应给孩子留下哪些财富呢？

在自我成长过程中和教育皮皮的心得里，我觉得有几件事是最重要的。一是培养孩子良好的性格。好性格超过好容貌。试想，如果养个跋扈的美女，可能在青春年少时，还能勉强受到欢迎，被称为有个性，但一旦走入真实的生活和工作中，尤其人到中年后，能有几个人再愿意去忍她？同理，家有帅哥，中看不中用，无德无才，如果再不绅士、谦和，人生也不可能幸福圆满。好性格的人才能交到长久的朋友，才能获得保鲜的爱情。

再就是对孩子要有挫折教育。孩子如果顺风顺水，从没有遇到过人生的风浪并不是一件好事情。如果有一天，孩子长大了，遇到困难和挑战，或者遇到恶毒小人，父母无力加以庇护，孩子将会是怎样的惨状？承受不了就会走向抑郁，极端一些的选择会更糟糕，这就是为什么看似优秀的孩子却脆弱无比。

还值得反复强调的是感恩教育。被惯坏了的孩子，好吃好玩应有尽有，一不如意，就要脾气，觉得什么都是该得的，谁都是欠他的，以这样的心态怎么会感受到幸福和快乐呢？如果懂得感恩，懂得向每次的获得说感谢，想到的是怎样回报，这样的孩子会得到越来越多的爱与帮助，无论生活和工作都会发达进步。皮皮的美国姐姐丽萨说，她的妈妈告诉她，每天入睡前，都要想想，该向哪些人和事感恩。每天都要仰望星空，想想那些缺衣少食的孩子，感谢你所拥有的一切。丽萨妈妈的教育的确很成功。

如果还有一些实力，最好能带孩子多去看看世界，没有游历过名山大川，怎么能领悟“一览众山小”的宏伟？没有感受过飞流直下的瀑布，怎么去理解“疑是银河落九天”的壮观？“读万卷书，行万里路”，我个人觉得“万里路”在孩子年幼时比“万卷书”还重要。西方普通人大都没有什么存款，因为他们把钱都花在旅途中了，他们不会吃好的、住贵的，他们愿意把钱节省出来，留给下一次旅程。当然，不仅要去感受美好，还要看看贫穷和落后，感知多元的世界，把握幸福的方向。

至于孩子的教育投资，我个人认为应该“补长”而不是“补短”，“长”是孩子的兴趣所在，自信所在。“短”，是勉强为之的事，有很多孩子补他的短板，越补越短，而长处是越补越长。我就是一个数学盲，我对我的父母说：“你们请来十个数学家也不可能让我成为数学尖子生。”但是我对于语文的热情却是谁也挡不住的。我常常想，如果能把每天熬灯油和数学斗争的时间变成让我自由阅读的时间，那无疑将对我的人生大有裨益。

我和皮皮爸爸的理念就是：不会给孩子钱财，但愿意倾其所有给她想学的。我们不想以爱的名义绑架她的自由，也不会强迫她成为我们希望的那个人，我告诉孩子，你现在的努力决定你未来的生活，你若安贫乐道，妈妈无话可说。

父母之爱是人生的极致之爱，是无私的爱。为了宝贝的完美，我们做家长的首先要努力修行自身，宝贝如同父母的镜子，照得出父母教化的优劣。不满意孩子就多看看自己有哪里做得不够好。这是我和皮皮爸爸给自己的箴言。

最励志妈妈

《下辈子还做母子》是我十年前创作的一部电影作品，取材于广州优秀教师许美云夫妇理性培育从小身患绝症的儿子的故事。1996 年 4 月 8 日，《广州日报》在头版刊登了长篇通讯《下辈子，我们还当母子》，报道了广州市建设六马路小学英语教师许美云和她儿子的生活感情历程。

1982 年，许美云两岁的儿子患了恶性淋巴瘤，厄运面前，许美云和丈夫在帮助儿子延长生命的过程中体验生命的意义和生活的价值，培养儿子用健康心态顽强与病魔抗争。儿子十二岁时走到了生命的最后一刻。许美云怀抱着爱子说："孩子，爸爸妈妈要感谢你，感谢你那么懂事，感谢你给我们带来了永远回味无穷的欢乐，也感谢你让我们尽可能完美——为了做你的榜样，我们从不敢懈怠，从不敢游戏人生。谢谢你，亲爱的好儿子！"看到一颗晶莹的泪珠从儿子眼中滚了出来，许美云在心里默默地说："下辈子，我们还当母子。"此文发表后，在读者中引起强烈反响。此后数十天里，《广州日报》围绕这篇通讯连续发表了十篇报道和讨论纪要，激起广泛的社会反响。

那时候我没有孩子，但是，我仍然被这个真实故事深深打动了。

我太想知道女工许美云是怎么变成英语老师徐美云的，太想了解许美云和她的儿子是如何成就彼此，共同追逐人生梦想的。投资人说："我选李春利做编剧、选宋春丽做女主角，也寄予着对电影的希望，两个春利（春丽）一个是票房，一个是影片质量。"

我和宋春丽老师一起去广州体验生活。还记得到达的当晚，我们就迫不及待地去了许美云老师的家。一个干净整洁的家，儿子的房间犹如他生前一样的布置。书本还在，儿子用过的枕头被子都没有洗过，留着孩子的泪渍与汗渍。每天，许美云都会到儿子的房间坐一会儿，想念一阵，她说，所有的回忆都是温馨和感动。

许美云的儿子是在两岁时发现恶性淋巴瘤的。在悲痛欲绝中，她一边想尽办法帮助儿子治病，一边决定为了儿子改变自己。许美云当时只是一个普通女工，没有接受过高等教育，想要成为儿子的老师，并不是一件容易的事。可是，孩子有病，将来不能像同龄孩子一样去上学怎么办？未雨绸缪，许美云拿起了书本，从早教到儿童心理学，一直到小学、中学课程，她都反复研读，尤其是英语，她以坚强的毅力，一点点积累，字典都被她翻烂了几本。

那个时候，等公交、做饭，连上厕所时她都拿着书看。家里的灯常常亮到半夜，她舍不得浪费一分钟。到了儿子上学的年龄，她终于拿到了英语教师资格证书。许美云说，当她站在讲台上，一边上课，一边照看课堂上的儿子时，她觉得是儿子为她的生活点燃了一盏指路明灯。"为了成为儿子的榜样，我从不敢懈怠，从不敢游戏人生！"母爱的力量如此强大。这股巨大的来自母爱的动力也使得孩子面对病魔变得无比坚强。许美云的儿子不仅功课名列前茅，还十分懂事。我在剧中坚持用了她患病的儿子把呕吐出来的药再吃进去的细节，尽管大家都觉得拍出来不好看。我特别想表达的是，这样的孩子知道每一粒药都是救命的，是父母用血汗钱换来的。

生命的质量并不以生命的长度来决定。有的人一辈子碌碌无为，而许美云母子互为烛照，让人生充满了精彩。我在许美云身上体会到的不是苦情而是励志。这是一位伟大的妈妈。她不但不放弃儿子，也从未放弃自己的梦想。整个采访过程，许美云没有落泪，她淡定地讲述着儿子的种种，就像拉家常的妈妈。只是我难以平静，握笔的手一直都在抖，以至于圆珠笔从我的手中飞了出去，落在了茶杯里，又弹了出来，溅起一片水花。许美云老师看到了这个细节，微笑着说："看，是我儿子听到了，他在帮您润笔呢！平时，儿子就喜欢坐在你坐的地方，偏着头听我说话！"我下意识地欠了欠身体，抚摸了一下身后的靠垫。

我是个大龄妈妈，为了皮皮可谓是竭尽心力，朋友们说我是在"泣血育娃"。每天夜晚接近 12 点才算真的忙完，早晨 6 点我要准时爬起来，从不可能睡个懒觉。有时，也觉得委屈和累，但是，和许美云比起来，我真的不敢叫苦喊累。这么多年，许美云也是我的榜样，时刻警醒我，不可以懈怠和游戏人生。

皮皮还不能理解这么多，但是，我想，有一天，我一定会让她看看妈妈写的这个真实的故事，让她懂得活着的意义。

烛光里的妈妈

《烛光里的妈妈》是我在十七岁时编剧的电影《眼镜里的海》中的插曲，是我写给妈妈的歌，那首歌由谷建芬老师作曲后被广为传唱，成了20世纪的经典歌曲。至今，我还能从中国音乐著作权协会领取到这首歌的版权费，可见人们对这首歌曲的喜爱程度。

如今，我也当了妈妈，也正走向歌曲所描绘的状态“黑发泛起了霜花，你的脸颊印下这多牵挂，你的腰身不再挺拔，你的眼睛为何失去了光华”，也正在遭遇“女儿已长大，不愿牵着你的衣襟走过春秋冬夏”的女儿叛逆期。我只能去幻想“妈妈，相信我，女儿自有女儿的报答”。歌曲之所以受到欢迎，久唱不衰，实际上就是因为我是用心在书写两代人之间爱的隔膜。

其实，我小时候也很叛逆。老师的一句讥讽“你不踏实读书将来没饭吃，麻雀就是麻雀，不要总想着飞上枝头变凤凰！”让我彻底失去了对校园的兴趣和对老师的敬畏之心，加之高中时数理化天天亮红灯，我常常逃课，沉浸在自己的世界里，靠写作来宣泄自己的满腔激情。刚好看到了一则女中学生不堪忍受学习压力用结束生命来反抗的新闻，我听着那个小女孩泣不成声的临终留言，发誓要把她和我们的故事写出来。

我爸爸是个学者，宽容仁慈，他的爱和教育方式就是“无为而治”，给我们充分的自由，任我们驰骋梦想。而我妈妈则像所有母亲一样无法忍受我以任何理由逃学，忍无可忍，撕掉了我一笔一画的心血之作。记得当时我是从垃圾桶里捡回来手稿，费劲地把它们粘贴在一起。我哭着央求妈妈，请给我一次机会，我想表达自己的心声。如今，我真的理解了妈妈的崩溃，有哪个妈妈敢于让孩子做弃学的尝试呢？别说考大学了，连个小升初都被看成通往成功之路的人生阶梯。

妈妈是严重的心脏病患者，一直靠药物维系生命。她白天上班，晚上洗洗涮涮到深夜，再苦再累也把两个女儿打扮得干干净净。我们在她的庇护下，从来不懂生活的艰辛。在我的印象中，妈妈经常呕吐，急了累了嘴唇会发紫，喘不上气。吃了药，好一些，她该干吗还干吗，从来不把自己当回事。现在想来我是多么不孝，让她没少为我着急。

后来，我的剧本被两家电影制片厂争抢，真的要投拍了。在一切都向着阳光灿烂的快乐方向进发时，我的电影项目又因为资金短缺被搁置了下来。从浪尖到谷底，我无法承受，一下子就病倒了。妈妈不吃不睡，照顾我，陪我一起流泪。她说：“你已经证明给我们看了，你真的很棒，至于结果并不重要了。”我记得那天我吐得昏天黑地，神经性地抽搐，肠胃痉挛，连水都喂不进去。那天刚好停电，妈妈点燃了蜡烛，守护在我身边。

烛光中，我看到丝丝白发飘在她的头顶，她美丽的脸颊上皱纹依稀可见，她的眼睛布满血丝。因为心脏不好，操劳过度，她的精神很差，连腰板都挺不直。在那一刻，《烛光里的妈妈》的歌词几乎脱口而出："妈妈，我想对你说，话到嘴边又咽下，妈妈，我想对你笑，眼里却是点点泪花。噢，妈妈，烛光里的妈妈，你的黑发泛起了霜花，你的脸颊印下这多牵挂，你的腰身不再挺拔，你的眼睛为何失去了光华……"

妈妈去世那年，皮皮才一岁多，我刚刚懂得为人母的艰难，却再也无法尽孝了。正应了那句话："子欲养而亲不待！"我还记得妈妈的葬礼前，也播放了《烛光里的妈妈》，这是她最喜欢的一首歌，因为里面有她和女儿的故事，有女儿对她的承诺。

虽不能再向自己的母亲尽孝，但我把这份非凡的母爱传递给了我的宝贝皮皮。从皮皮在我的肚子里开始，我们便有了情感的互动，我听着她胎心的跳动，给她讲故事，给她唱歌，唱《烛光里的妈妈》。我是大龄妈妈，我对医生说，我不做任何可能会危及孩子的检查，她什么样子我都接受，她是我生命的一部分，是我身体的一部分。皮皮上了幼儿园之后，频频生病，我整夜看护，熬得憔悴不堪。最严重的一次是皮皮摔伤了脑袋，我坚持抱着她做放射检查，以保证她不乱动，不害怕，医生反复提醒危害后，看到我如此坚决，默默递给我一件防辐射衣。

如今，孩子越来越大，我做她的保姆、司机、家教，累得团团转，她却常常和我顶嘴，嫌我啰唆。我有时也在想，我让她学这么多，倾尽所有为她创造条件，给她缴纳高额学费，量身为她打造剧本，不就是期待她能够有一天飞得高高的，哪怕是飞向远方的天空？我并不奢求女儿的回报，就像我的妈妈从没指望我对待她像她对待我一样。但她知道，我会把她深厚的母爱带给我的孩子。中国式的母爱是向下流淌的。皮皮也不可能如我这般付出来反哺我对她的爱，她长大后可能根本就不在我的身边。但是，我相信，有一天，她也会像我爱她那样，甚至于超过我，去爱她的孩子。中国妈妈就是这样传递母爱的。正如《洋妞到我家》中的主题歌《只因为你》中的歌词所写的那样：“心甘情愿学会承受……微笑看你高飞远走……”

后记

把日子过成电视连续剧

我家的故事有点像一部都市言情剧。虽然其中有悲有喜，但是，把日子过成连续剧也是一种别样的体验。

我是当年所谓的少女作家，十七岁时逃课写剧本，得到著名导演吴天明、著名编剧张笑天、著名编辑朱晶等几位老师的举荐与帮助，又得到国家新闻出版广电总局电影局的资助，拍摄了第一部自己写自己演的电影《眼镜里的海》。那部被称为“中学生写中学生演中学生”的青春片已经被许多人遗忘了，但影片中由我作词、谷建芬老师作曲的插曲《烛光里的妈妈》却从20世纪80年代传唱至今。后来，人民大学中文系系主任，恩师陈传财教授发现了我，我得以被保送进中国人民大学学习。

毕业季，学校推荐我去北京电视台实习，想让我留在那里工作。那时候，电视台刚刚开始自负盈亏的市场化改革，我一边学做节目，一边跟着老师们拉广告，鞋厂袜子厂都要去应酬，我非常不适应，放弃了这个人人看好的机会，进入了光明日报社，在知识分子扎堆、作家云集的氛围中愉快地工作至今。

帮皮皮找爸爸

还记得我在大学三年级的暑假，到了一个表现梨园艺人生活的电视剧剧组实习，本来是写写花絮感受感受的，没想到，一个副导演临时走了，另外一个副导演，就是现在的知名演员刘佩琦自己兼演角色忙活不过来，我一下子成了副导演，专门负责联系演员。那部戏汇聚了当时国内十七位国家一级老演员，青年演员大都是中央戏剧学院表演系的学生，皮皮的爸爸就是其中的一个。他隐藏在一片星光灿烂之中，没有他的戏，就躲在角落里安静地看自己的书，既不打牌神侃，也不和那些追星的小姑娘打情骂俏。演对手戏的师姐陈小艺、徐帆总是笑他太老实，太矜持，不像中戏人。

第一次注意到他源于一次突发事件。那是一场在舞台上拍摄的戏中戏，要表现“大武生”的真功夫，要求男主演从三张叠起的台桌上腾空而下，然后落地亮相。可是那位男主演在实拍时却摔倒在地，扭伤了脚。所有的人都很沮丧，因为这意味着一天所有的准备都白费，剧组为这场戏上万元的花销也付诸东流。情急之下，有不少人抱怨起本来已经很惨的男主演，怨他不能做的事为什么要应下来，现在连找替身都来不及。

皮皮爸爸主动请缨，愿意解燃眉之急。在众目睽睽之下，他很快扮好了，站到了三张高高叠起的红色台桌上。那一刻，在场的所有人都屏住呼吸，我几乎能听得见自己的心跳，他毕竟一点准备的时间都没有，也没给自己提任何条件，哪怕能先活动活动筋骨！

在导演的一声“开始”之后，他利索地一跃而起，在半空中翻了两个令人眼花缭乱的跟头，头发在鼓风机吹拂下飘扬着，那一刹那，我看呆了，直到他稳稳地落在地上，一个漂亮的亮相，直到在场的喝彩声响起来，我回过神来，看着他从化妆师手里接过毛巾擦擦汗水，拍拍尘土站到一边去了。经过剪辑处理，屏幕上的漂亮空翻背影英姿勃勃，落地的却是男主演的一个标准亮相……没有人会关注那个替身是谁，没有人承诺这个危险动作如果出现闪失将会怎样。时过境迁，当事人都会忘记这件事，然而，皮皮爸爸却没有任何的计较。他看着难过的男主演拍完接戏的“特写”之后，还默默地把男主演送回了招待所。

一个跟头翻出了爱情，我就这样给皮皮选好了爸爸。没钱，没房，没有婚礼，没有蜜月，甚至没有来自亲朋好友的祝福。我的家人极力反对，父母都是爱孩子的，他们几乎替我预想到了我未来生活遇到的所有问题。同学和朋友们更是现实的，当他们来到我们寄居的学生楼集体宿舍时，看到我贴的一墙花布和自制的纱幔，用海报糊出的纸箱“衣橱”，一屋子的毛绒玩具拥挤在锅碗瓢盆之间，两张学生床拼接起来的大床时，他们惊讶极了，竟然问我：你打算在这里玩多久的“过家家”？他们开着玩笑打赌说我要多久离婚，这让我很伤心，当时我毕竟是新婚啊，是请他们来吃喜糖的！

问题真的来了。学生们暑假归来，整个楼道变得喧嚣吵闹，每天醒来，我第一件事就是和学生们一起排队等厕所，争抢洗漱的公共龙头。洗衣服的时候，我不得不换上塑料拖鞋，因为满地都是从水池中溢出的污水，有时浸泡到了小腿，招惹得蚊虫叮咬，奇痒无比。到处都是游荡的蟑螂和红蚂蚁，它们甚至出现在你的锅里、饭碗里，房间里也偶尔有老鼠光顾，它们肆无忌惮地流窜，我吓得常常不敢上床入睡。到了冬天，小屋仿佛是被扎出了无数的洞洞，到处透风，我把自己包裹成个“肉粽子”还不停地抖动，本来细皮嫩肉的手脚都被冻伤。

集体厨房几乎全天烟熏火燎，各种串味的“香”混合在一起成了奇怪又刺激的味道，公用电话更是永远占线，让我这个记者一回家就失去了和外界的所有联系……这一切对于我这个没有经历过任何苦难，被父母呵护、被社会宠爱的人来说，简直是难以忍受的。可是在来自贫困县城的皮皮爸爸那里，这一切算不了什么，甚至还是一种别样的感觉。他指着满墙的花布，对我说，你看，花布上的缤纷花朵从屋顶上倾泻下来，加上一开窗就探进来的绿色的藤蔓，简直就像是“阿拉伯后宫”。蚂蚁、蟑螂算不了什么，都是高蛋白啊。水房有没有点《泰坦尼克号》的感觉？是危险中的浪漫呀。公共厨房里就更有营养了，东家一勺西家一碗，吃百家饭营养才均衡呢。“冷”是好事情，寒冷的地方比热带地区人均寿命得长不少呢！在我眼睛里的“黑白和破旧”在他的目光中全都变成了“彩色和新鲜”。后来，这段生活被我写进了电视连续剧《幸福在哪里》。

住在筒子楼整整八年。对于我们而言，房子是租的，但日子不是。我和皮皮爸爸努力在舞台打造的梦幻空间和尴尬的现实生活中来回切换着。1999 年澳门回归时，我们做了一个名叫《百花争艳》的音乐剧小品，我编写了剧本和歌词，皮皮爸爸担任了导演。那一次的演出效果特别好，从此，我们开始了一次接一次的合作。首部原创电影音乐剧《欢乐公主》关注的是儿童教育，在电影节上受到了观众的追捧，连续加场；首部原创电视连续剧音乐剧《水果姑娘》写的是青春的激情与困惑，进入了央视黄金档，不但开创了国内电视剧新样式，在世界上都属罕见。

给皮皮造窝

我们在忙忙碌碌的中年时决定要一个孩子。对于我这个住了八年筒子楼的人来说，给孩子选一个像样的房子是我的刚需。买房子的过程也是充满传奇的。我们看上的烂尾楼虽然价钱好、面积大，但属于没有房产证的三无产品，只能放弃。在失望而归的路上，我为去个洗手间，不得不进了一个热卖的高档楼盘。样板间的低调奢华立刻将我深深吸引了。我虽不是拜金女，但也抵挡不住如此诱惑，太喜欢，简直到了钟爱的地步。无奈，囊中羞涩。那次看房让我更加励志，我想要个女儿，让她拥有自己的城堡。

看房回来的那一天，我们给自己定下了不算小的目标，我和皮皮爸爸就朝着那个方向努力。我写影视剧，他演戏、拍戏、导戏。散步、做饭，我们都在讨论剧情，有灵感就放下一切，赶紧去记下来，我们将生活填充得满满的。

一年以后，我们看中的那个楼盘已经基本成为现房，价格更是高不可攀。我们失望地在那个漂亮的小区里转来转去，突然看到刚交房的一期工程中有一家挂出了售房告示。怀着二手房是不是能够便宜一些的渺茫希望，皮皮爸爸打通了那个电话。电话另一边，是一位温柔的阿姨。遗憾的是，她的房子已经卖给别人了，除非那个人贷款批不下来。没想到半个月后，阿姨突然打来了电话，说是见面谈。我们可谓是一见如故。阿姨姓李，和我一个姓，阿姨的爱人姓陈，和皮皮爸爸一个姓。最让我惊讶的是，阿姨竟然是妇产科医生，她还送了我一本育儿的书，告诉我怎样优生优育。这位好心的阿姨听说我们是准备给还不知道在哪里的宝宝“造窝”时，决定帮助我们，给我们的价格就是她认购时的价格，而这个房子从期房到现房早已不是那个数字了。

我觉得冥冥中我们的皮皮已经在身边了，是宝贝为我们引来的转世菩萨？最让人难以置信的是，阿姨得知我们的困难，竟然主动借钱给我们买房。在中介，她签了收到首付房款九十万的文件，而我们当时只付得起四十万。

当我们欢天喜地地把这个消息告诉老人时，老人们担心极了。皮皮的奶奶问：那位阿姨收了四十万，就打了一张白条？她肯定我们上当了。皮皮爸爸马上拨打阿姨的手机，还真打不通了。整整四天，我们和神秘阿姨失联了。再仔细翻看复印的房本，发现那上面是阿姨儿子、儿媳的名字，阿姨并不是法律意义上的房主。这下我们就更慌了。我急火攻心，一下子病倒了。

两天后，阿姨却主动打来了电话，告诉我们儿子把她接去上海待了几天，她没有带手机。皮皮爸爸把疑虑一说，她笑着说理解，邀我们去她家看看。在她紧邻朝阳公园的家，我们见识了什么叫作雅致。阿姨的爱人，一位大企业的老总埋怨阿姨说："你借给人家四十万多不好听？借五十万吧。"那位亲和的陈总说："你们是好孩子，却没钱，真让人心疼，我们这个钱也就是存个活期，放着养老的，你们先用，什么时候有钱再还。"我们真的感动得不知说什么才好了。走时，阿姨一家还给我们拿了特别新鲜的大连海鲜。阿姨和我妈妈竟然都是大连人。

为了早日还清债务，我们打算卖掉自己的小房子。阿姨怕我们贱卖了，一直拦着，最后，房子卖给了一个在歌厅上班的女孩，她听说了我们的情况居然也提出借钱给我们。

我们亲手为皮皮营造了最漂亮的房子。因为没有钱付给装修公司，我们都是亲力亲为，很多东西都是自己动手做的。虽然没有金碧辉煌的华丽，但简单质朴中的温馨已经让我陶醉。我们给儿童房定了蓝色这个中性色调。我们在满眼童趣中欣赏自己的杰作时，突然想到一个问题：我们已经一把年纪了，如果今生要不到宝宝，弄个儿童房岂不是太搞笑了？

幸运的是，宝贝皮皮如约而至。

为女儿搭舞台

皮皮的到来让我们欣喜若狂。从母体分离的那一刻，望着胸前那团粉红的鲜嫩的小生命，我就发誓，要爱她，教育好她，给她一个美好的人生。我们没有老人帮衬，都是自己带孩子，天南地北的阿姨仅仅是搭一把手。

皮皮很早就表现出了非凡的语言天赋，我们就请了互惠生姐姐们和她一起成长。在她五岁的时候，第一次主持音乐会，第一次登上了央视的舞台参加宝宝秀；在她五岁半的时候拿了全国英语比赛的特别金奖；六岁，她在央视“六一”晚会的舞台上担任主唱。皮皮快入小学前，我和皮皮爸爸决定联手帮她打造一部电影，让她自己演自己，也为她能进个名校加分。幸运的皮皮遇到了影片总策划张恂干妈，张总格外看好皮皮，给了她这个人生中难得的机会。最终，我写、皮皮爸爸导、皮皮主演的电影《洋妞到我家》获得了广泛的好评。皮皮还在国内外拿了几个单项奖，带着我满世界领奖，我们努力为宝贝搭建通往世界的舞台，与此同时，宝贝也为我们展开了更为广阔的天地。

皮皮的每一次成长都让我们有巨大的获得感。皮皮写的第一篇英文日记；皮皮做的第一个手工娃娃；皮皮第一次滑冰，从摔屁股蹲儿到自由滑行；皮皮弹钢琴，从“弹棉花”到能弹奏我写的歌曲；皮皮从说英语到讲法语；皮皮从怕水到游得像一条快乐的小鱼；皮皮的踢踏舞、爵士舞，还有傣族舞、新疆舞都跳得有模有样。我们殚精竭虑地给予，只要她喜欢能接受。我和皮皮爸爸心甘情愿当着保姆、司机、家教、保镖……

每天晚上，我们都会给皮皮讲故事。《一千零一夜》《西游记》《公主童话》《小王子》……她安静地听着，我们也像是回到了童年。

周末的时候，我们家会举行小小派对。主要是让皮皮表演节目，当然，我们全家也要一起朗诵那些美丽的诗歌。有时就是分享皮皮的日记。皮皮念英文，我们译中文，再配上音乐朗诵出来。

只要有假期，我们尽可能带她去看世界。我们通过朋友联系了澳大利亚塔斯马尼亚岛上的一个家庭，在西方人家庭借住，在澳大利亚私立学校借读，她和当地的孩子们一起生活，收获颇多。我们还在朋友的帮助下让她在新加坡的公立学校上课，感受多元文化的魅力。我们的互惠生姐姐来自五洲四海，他们的语言、世界观、价值观也都影响着皮皮。皮皮会关注英国“脱欧”，会评论美国大选，她知道在这个世界上还有战争和失去家园的难民。皮皮小小的胸怀已经装着对世界的关怀。

孩子给了我无数的灵感。每天坐在电脑前，看着窗外云卷云舒，手中的键盘啪啪的敲击声悦耳动听，写这本书又把我带回了往昔的岁月。回忆皮皮的成长，是多么快乐的享受呀！